U0615781

合浦人文丛书

合浦县申报海上丝绸之路世界文化遗产中心 ※ 编

廉州往事

梁思奇 ※ 著

广西科学技术出版社

图书在版编目（CIP）数据

廉州往事 / 梁思奇著；合浦县申报海上丝绸之路世界文化遗产中心编 .—南宁：广西科学技术出版社，2023.7
（合浦人文丛书）
ISBN 978-7-5551-1950-0

Ⅰ . ①廉… Ⅱ . ①梁… ②合… Ⅲ . ①地方文化—史料—北海 Ⅳ . ① G127.673

中国国家版本馆 CIP 数据核字（2023）第 074427 号

LIANZHOU WANGSHI

廉 州 往 事

梁思奇　著

合浦县申报海上丝绸之路世界文化遗产中心　编

责任编辑：何杏华　陈诗英　陈剑平　　　助理编辑：秦慧聪
插画绘制：黎发业　　　　　　　　　　　装帧设计：韦娇林
责任校对：吴书丽　　　　　　　　　　　设计制作：吴　康
责任印制：韦文印

出 版 人：卢培钊
出　　　版：广西科学技术出版社
社　　　址：广西南宁市东葛路 66 号　　　邮政编码：530023
网　　　址：http://www.gxkjs.com

印　　　刷：广西壮族自治区地质印刷厂

开　　　本：889 mm×1194 mm　　1/32
字　　　数：223 千字　　　　　　　　印　　张：10.875
版　　　次：2023 年 7 月第 1 版
印　　　次：2023 年 7 月第 1 次印刷
书　　　号：ISBN 978-7-5551-1950-0
定　　　价：58.00 元

版权所有　侵权必究

质量服务承诺：如发现缺页、错页、倒装等印装质量问题，可直接向本社调换。

丛书编委会

主　任：王　川

副主任：白银冰

编　委：杜琴艳　吴　蓓　叶吉旺

　　　　周敏双　蓝胤天　叶长青

　　　　邓敦燕　朱庆安

主　编：吴　蓓

副主编：叶吉旺

总　序

　　合浦的"浦"，为江海汇聚之处。百川归海，从桂东南深山丛壑中发轫的众多河流归注北部湾。

　　元鼎六年（公元前111年），汉武帝平南越，废秦桂林、南海、象三郡，改设岭南九郡，合浦郡就是其中之一，辖地为现在广西北部湾北海、钦州、防城港三市，西北至南宁市的横州、邕宁，北至玉林市的容县，广东湛江市、茂名市至江门市的开平、云浮市的新兴。郡下的古合浦县则包括现北海、钦州全境和玉林市的博白、北流、容县，广东廉江市及南宁市邕宁、横州的一部分。

　　合浦是《汉书》记载的"海上丝绸之路"的始发港之一。位于中心位置的古合浦县地处通往交趾和海南的必经之道。合浦县的"中心"地位，有合浦汉墓群为证。合浦郡治所在地合浦县城廉州的汉墓数量众多，规模宏大，出土了大量精美的青铜器和舶来品。其中，疑为九真府郡守的庸毋墓和确认的徐闻县令陈褒墓，让人猜想：这里就是当时岭南的"首善之区"。

　　从某个角度来看，所谓"北海历史"，就是"古合浦县历史",直至晚清《中英烟台条约》签订,北海因商业渐兴,形成以珠海路老街为中心的商业重镇,当时的政治、文化中心仍然是廉州府治和合浦县治所在的廉州。

昔日的合浦,"农桑鱼盐之利,甲于他郡",尤以出产珍珠著称。三国时期孙权占有岭南时,出于采集珍珠的需要,改合浦郡为"珠官郡",珠池密集的合浦县改称"珠官县"。

悠久的产珠历史,形成了以"廉政"为核心的南珠文化。"珠还合浦"的故事名闻遐迩。唐太宗李世民将"越州"改为"廉州",用元朝大臣伯颜的说法,"盖谓汉有孟尝守,政善革弊,珠徙复还,因易廉名,以取律贪之义焉"。

廉政自古以来就是一种政治理想,统治者如是,被统治者也如是。继唐太宗将越州改名后,唐德宗将"合浦还珠"作为科举考试试题,令考生作赋。宋代的真宗皇帝在颁布的敕文中称"眷合浦之名邦,有还珠之遗训",要求"山高皇帝远"的地方官,务必以孟尝为榜样,做到清廉勤政("将令剖竹之臣,复效还珠之守")。

合浦故郡涌现过许多清官。宋代合浦太守危祐上任时下属送给他一柄珍珠扇,他说:"我每日摇着收受的这把贵重扇子,怎么对得起'廉州'二字?"曾官居二品的明代大儒张岳在廉州为官三年,"不持一珠",夫人连珍珠也没见过;张岳后来因得罪权臣被贬任沅州府,在任上去世后,破衾烂席,买棺材的钱也是同僚和上司所捐。

还有两广巡抚林富,领旨到廉州征采珍珠,不仅没有"履行职责",反而犯险向皇上进谏罢采,撤销珠池太监,表现出士大夫的民本情怀和凛然风骨。

合浦故郡涌现的这些清官廉吏，像晶莹皎洁的珍珠，在历史长河中闪闪发光。明代诗人吴廷举为之感慨："行李纷纷游宦子，几人不愧大廉山。"

许多名人贤士也在这里留下各种人文古迹。唐代的张说、宋之问、陈瓘、曾布，元代的范梈，明代的汤显祖……北宋时苏东坡从海南获赦回到大陆，曾在廉州寓居近两个月，诗人兴会，流连诗酒，留下了"万里瞻天"的遗墨，还有东坡亭、东坡井、东坡饼、东坡笠等遗痕。

历史学家钱穆说："任何一国之国民，尤其是自称知识在水平线以上之国民，对其本国以往历史，应该略有所知……否则最多只算一有知识的人，不能算一有知识的国民。"历史就像《见或不见》那首诗中所写的：你见，或者不见我，我就在那里。怎样通过通俗化、大众化的方式，让人们真切地触摸到历史的肌理，感受到历史的呼吸，是树立文化自信、推进文化强国建设需要研究的课题。

历史的大众化与通俗化，并不是低俗化，更不是庸俗化。它需要适应大众口味，但并不降低真实性的标准。它有别于学术，但同样需要披沙拣金、去伪存真。它不一定是所谓的"大书"，却能春风化雨、润物无声，吸引人们在阅读中了解史实，形成史识，在心中激起"对历史的现实回响"。

历史是"过去时态"，同时也是"进行时态"。在社会发展进程中，合浦正在发生、迁演的风情物理，包括建筑、美食、名物、习俗、地情、时务等，这些时代的留痕，正是未来的历史，应予蒐集、梳理和记录在案，"无志不成史"，就是这个道理。

前人恰恰也是这样做的。清末在北海从事洋务的三水人梁慎始，利用广泛接触"贤大夫及巨商长老"的"工作之便"，对谈次（聊天）中的"天时、地势、商务、风俗、农业、渔业、土产、矿产"等，"辄手录之，细大不捐"，其族兄梁鸿勋据此编纂了《北海杂录》一书，虽然只有区区两万字，却成了弥足珍贵的地方史料，现在人们津津乐道的北海近代历史，大多都出自《北海杂录》。

梁慎始、梁鸿勋不惮其烦，做这样一件公益之事，缘于他们对地方文化价值的认识。用梁鸿勋的话来说，"自古政不壅于上闻，凡官斯土者，必采辑其地之风教政俗，以献于朝，识治乱，辨纯浇，课殿最，胥视此矣"。

"国一日不可无史，则郡亦不可无志。"合浦人文丛书挖掘合浦历史，采辑当下"风教地情"，以大众化、通俗化的方式，对"让历史活起来""让文化活起来"做了有益探索。相信合浦人文丛书各分册的持续推出，将为"文化北海"建设添砖加瓦，为普及地方历史、增强文化自信发挥积极的作用。

编者

2023 年 1 月

序

　　"千州万州不如廉州"，我刚到北海时就听说了这句话，让我"反认他乡是故乡"的心理很"虚荣"地得到了增强。

　　小时候听说的廉州，都是和合浦连在一起的，或者叫"廉州合浦"，或者叫"合浦廉州"。记得第一次听到，是在观看大人用镬头煮生盐——我原来不知道吃的盐要煮过。大人说，那些像砂粒一样的生盐巴，从"合浦廉州"运来。感觉大海边上的那个地方像北京一样遥远。

　　后来看到清朝的《广东省志》称廉州"农桑鱼盐之利，甲于他郡"时，我眼前便浮现出煮生盐的情境。"甲于他郡"，就是"千州万州不如廉州"。有人不以为然，毕竟类似的说法很多，如"千州万州不如玉林州""千州万州不如惠州""千州万州不如广州"……"自己的儿子最聪明，别人的媳妇总漂亮"，每个人的家乡或托身之处，都像"儿子"不像"媳妇"。

　　但廉州的确来历不凡，它是唐太宗李世民"亲自命名"的。

　　汉武帝灭南越后，设立合浦郡等岭南九郡，合浦郡治所在地有座大山，"山形秀拔，盘礴数十里"，合浦第一个有名有姓的太守叫费贻，为政清廉，抚恤民生，离任时郡民攀车拦路，一直把他送到了那座山的山脚。人们将那座山称为"大廉山"。

费贻之后，合浦郡还出了一位更有名的清廉太守孟尝，留下了"珠还合浦"的传说。唐太宗登基的第八年，即贞观八年（634年），这位历史上的明君有感于他们的清正廉能，为了弘扬廉政之风，将"越州"改称"廉州"。

曾有一位领导人视察北海，他在给广西厅局级领导所作的报告会上，高兴地复述了视察中听到的顺口溜："千海万海不如北海，千州万州不如廉州。"此后他不止一次提起这句话。他的"背书"，成为对北海和廉州的莫大加持。

我喜欢阅读各种地方志。古人说，走马上任，下马观志。志书像一卷长轴，不仅能让你了解山川形貌、建置沿革、秩官事迹，还能让你知道气候物产、风情轶事、词赋文章……每一本志书，都像一根管子，可以从中窥见时代的龙文豹章，一方面让人体会到"历史惊人的相似"，另一方面又唤起"人不能两次踏入同一条河流"的哲思。

钱穆先生说，读古人书，须能如面对亲觌，心知其人……到了"升堂"境界，已能神交古人，恰如与古人周旋揖让于一堂之上，宾主晤对，情意相接，那是何等的欢乐愉快呀！

这正是我读《廉州府志》《合浦县志》时的感觉。志书一点也不枯燥，里头有名宦乡贤，有孝子烈女，有大事年表，还原日出而作、日落而息的农耕生活背景。结合各朝各代政治、经济、外交、战争各种大事对社会的影响，特别是儒家文化的积累沉淀，书里的官和民就像放回水里的鱼，泼喇喇地变得生动起来。

自然，对于一个地方来说，最有代表性的是职官和名人。

与廉州有关的知名人士第一位无疑是苏轼（世称"苏东坡"）。廉州有东坡亭、东坡井等遗迹，有据说是苏东坡发明的东坡笠，有因他品尝题诗而得名的东坡月饼，还有他在海角亭留下的题词"万里瞻天"。翻开府志和县志，更多的古人络绎而来：孟尝、危祐、张岳、林富、徐柏、胡鳌、林锦、游日章、周硕勋、刘行义、康基田、王鉴、施世骥……他们一一讲述着斯地彼时的种种。

我从古籍中将这些人物扒剔出来，他们上书入传，绝大部分因为是清官廉吏，留下事功箴言或文采风流，但人们知之不多。刊之史乘，虽说是垂名青史，但埋于故纸堆中，陈于高阁之上，寂阒无闻，朽与不朽并无大的区别。我倍感惋惜，要是他们能"活"在人们面前该多好。

比如那位徐柏，携一仆一童风尘仆仆上任，被人闹出"乌龙"，以为是路人甲。那位年轻知府黄文豪，被数百悍寇围城，镇定自若，声称就算两千来寇也不在话下，多么有大将风度，英姿飒爽！

还有宋朝的危祐，刚上任就收到下属送的珍珠扇子，他执着扇子诘问："我每日摇着这样的扇子，如何对得起廉州的'廉'字？"而大儒张岳，身为地方官，献策以抚代戎，让签订了和约的安南（今越南）莫登庸掷笔长叹："天朝只有一个张廉州不想灭我莫族。"这是何等的大智大勇！

还有名号有点"娘里娘气"的刘行义，为了民众不受惊扰，冒险犯难，带着狼兵避村过境，大丈夫舍生取义的气概令人钦仰；两广巡抚林富身衔采珠之命，却奋笔上书力谏罢采免贡，又是何等的赤胆忠心！

康熙六十年版《廉州府志》序言称：郡县之志何为也？除了"上以佐太史，下以资司牧者"，这些"操政在于一时，臧否垂于后鉴"的为官一任者，"夫宦迹之流传，才节之表著，以寓褒贬彰毁誉，使千载人心各知所感奋"。古人说立德、立功、立言为人生三不朽，千古人心各知感奋，自然能永垂不朽。

本书中的文章曾陆续在我的个人公众号上推出，浏览者少则数百，多则数千上万。地方历史题材的写作，能得到这么多的关注，让我倍感欣慰，激励着我手不歇笔，不知不觉成了这本书。

有一天早上，我正在冠头岭爬山，接到曾在合浦从事汉墓和汉郡城址发掘工作二十年的熊昭明教授的电话，他说看了我公众号上的一些文章，觉得很有意思，"你这属于文献考古，对人们了解北海的历史很有价值"。

但我知道我的雕虫之活，完全算不上学术，只是"让历史活起来、让文化活起来"的一种尝试，让那些躺在文献里灰封尘埋的古人重新有血有肉地站起来。有笑话称"世界上最狠的人上厕所不带手机"，同样，人们如厕时愿意带着的书应属好书。我想写一本适合人们像欧阳修"三上"（马上、枕上、厕上）时浏览翻阅的书，它不是志书的翻版，而是撷取志书"基因"复活历史的文本。为此，我固执地对所有的引文均不标示出处，避免观感上影响它的可读性，但我保证凡引文均有出处，无一字无来历。

这样一本地方性的读本，能得到出版社的青睐，令我意外，也令我欣慰。我唯一的希望是它能让更多人对"列祖列宗"产生兴趣，知道先人们印在这块土地上的雪泥鸿爪。不是为了证明我们"曾经阔过"，而是为了了解先人"曾经走过"。

如果这本书能让你对北海的历史增加一点认知，那么这既是你的收获，也是我写这本书的初心。

是为序。

梁思奇

2023 年 1 月

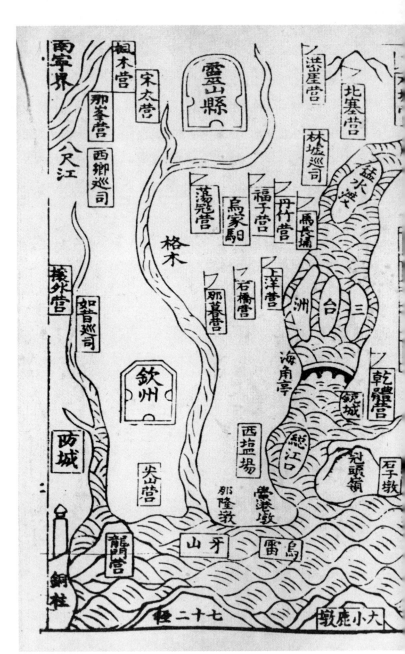

明崇禎廉州地圖

廣西梧州界

總圖

城隍廟　高仰巡司　古立營

石康舊址　楊苗營

草平營　新岕營　橫橋營　張家營　山心營　芋山營　閘口營　新寮營　佛子營　蓮傘營　清水營

海川營　鼎后營

提學道　合浦縣　玄妙觀

演武亭

十字營

山口營　雷州界

白沙踏　老鴉洲

皂龍厰　珠塲墩

永安所

川江寨　龐村寨　調埠寨

壯望寨　玖馬寨　英雄寨

青嬰池　楊梅池　島坭池　平江池

斷　閬洲

目录

汉朝一个"非典型"合浦仔

合浦古属越地，在中原人眼里属于蛮荒之地，地广人稀，秦始皇曾将五十万人放逐到岭南"与越杂处"。

五十万可能有些夸张，但十万应该是有的。

此外，从秦到汉，为统一国家版图或讨伐叛乱，中原大军轮番征讨，许多军人转业变成住民。

秦始皇征讨岭南时，南海尉赵佗上书"求女无夫家者三万人，以为士卒衣补"，"秦皇帝可其万五千人"，名义上是给士兵缝补衣服，实际是"暖被窝"，促进了中原人与越人之间的婚配。

这也就可以解开一个谜：历朝历代的地方官员都是皇帝委派到异地为官的，他们怎么能听得懂当地的"鸟语"（方言）？其实是民族融合打下了语言交流的基础。

所以宋朝苏东坡寓居廉州时能与"干部群众"打成一片，历朝历代那些籍贯河南、山东、山西、浙江、四川、福建、江西的官员履任合浦郡或廉州府，断讼判案，访贫问苦，或者到书院、学宫给学生上"敦导儒学、教化百姓"的"思政课"，履行这种历朝历代地方官最重要的职责时，其实都没有什么语言障碍。

话说回来，岭南地处僻远，与外界交流少，语言以方言为主，的确较少口才辨给、能言善语的人。

直到现在，在北海要是遇到一个伶牙俐齿、在公共场合口若悬河、面对话筒出口成章的人，都会不由自主地问一句："你不是本地人吧？"

其实，合浦历史上也有这样的舌辩之士。当然，他是一个"非典型"合浦仔。

此人姓张名重，生活在东汉第二个皇帝明帝刘庄时期。

张重当时名气很大，被称为"岭表望士"。在既没有报纸电视，更没有网络直播的年代，张重"混"得比当代的"网红"还红，其能耐显然不是一般的大。

张重个子不高——岂止不高，简直是很矮。明帝刘庄第一次见到他时，就觉得这人怎么这么"细粒"（矮小）（明帝讶其幺麽）。"幺麽"者，白话之谓"细粒"也。

张重"笃学而善言词"。"笃学"可以理解，但"善言词"不知是怎么练就的。不过学而思之，思而驳难之，他自己跟自己辩论也有可能，就像周伯通的"左右互搏"。

张重的名气传到交趾刺史的耳中，刺史让他到日南郡从事"举计"工作，工作内容大致跟现在的审计和绩效考核差不多。

补充一点知识，人们都知道汉武帝设岭南九郡：南海、苍梧、郁林、合浦、交趾、九真、日南、珠崖、儋耳。其实郡之上还有"刺史部"。全国共十三刺史部，交趾刺史部代表朝廷统管岭南九郡，处理郡际事务，考核各郡太守工作是否称职，特别是有没有对朝廷的不轨行为。

交趾刺史把合浦郡的张重安排到日南郡从事"举计"工

作，年底要到京师述职。

张重于是山遥水迢到了洛阳，见到了汉明帝刘庄。

刘庄是刘秀第四子，母亲就是很有名的阴丽华——这名字是不是有点现代？古人并不都是姓芈名月、姓郦名食其之类，历史读进去都像发生在身边。查查刘秀和阴丽华的爱情故事，你会更强烈地感受到这一点。

刘庄在历代皇帝中名头不是很响，却是个治国理政的厉害角色，执政十八年，任内"境内安定，民安其业，户口滋殖"，人口从西汉末年的两千一百多万增至三千四百多万。

刘庄有个特点：对官员要求苛刻，一丝不苟，喜欢将权力握在自己手中（为政苛察，权不借下）。刘庄非常勤政，经常三更睡五更起（乙更尽乃寐，先五更起，率常如此）。

张重与其他人一起入朝拜见皇帝，轮到张重汇报工作时，他丝毫不怯场。

刘庄见张重五短身材，其貌不扬，问道："你是哪个郡的小吏？嗓门倒挺大的。"（明帝讶其幺麼，问之曰："何郡小吏重抗声？"）

张重说："我是日南郡的考察官，不是什么小吏（臣日南计吏，非小吏也）。"

"言外之意"是职务不分高低，没有尊卑贵贱，都是为陛下您服务的。"言外之意"还有"之意"：嫌我官小你就让我当大的，怎么这样小看人？

他似乎心里有气，竟然补"怼"了一句："陛下用人到底是看才能，还是看人的长相，'称皮度肉'（陛下欲得其才耶？抑将称皮度肉也）？"

朝中官员平日对刘庄如老鼠怕猫，何曾见过有人对皇帝这样说话，吓得大气不敢喘。

刘庄感觉新鲜：这小个子挺愣的。这个岭南来的"合浦矮仔"给刘庄留下了深刻印象。

大年初一，刘庄举办迎春茶话会。

刘庄看到挤在朝臣中的张重，把他叫到身边叙话。岭南太远，刘庄只是从岳父马援飞报的军书上略知一二，连岭南的太阳从哪边出来也不知道。

刘庄问张重："日南郡看太阳都在北边吗？"

张重一句话差点没把刘庄"噎"着："难道现在的云中郡真的在云中，金城郡真的有金吗？"

他接着说："日南郡的太阳也是从东边出来的。但气候不同，日影就要看人所在的位置，东西南北都有。"

张重说话时，似乎忘了坐在面前的是至尊天子，他侃侃而谈，不时对皇帝的"孤陋寡闻"鄙夷两句，全然不像平日里那些朝臣一口一个"回禀陛下"。

刘庄不仅没生气，反而越听越开心。

刘庄太喜欢这个说话直率的远臣了，张重居京期间，刘庄一有空就召见张重，每次"侃大山"都给他赏赐。后来，还授予他很高的职位（位至通显）。

一方水土养一方人，"人以群分"不无道理，但任何地方都有出"类"拔"萃"之人，就像人们普遍认为"不善言辞"的合浦人中，也有一个不卑不亢、口才不亚于张仪、苏秦的张重。

历史上第一个南珠"百万富婆"

公元前 24 年，时任西汉"京都市长"（京兆尹）的王章决意要给汉成帝刘骜写一封奏章，举报大将军王凤擅政专权，要求罢免其职务。

王章的妻子反对丈夫上呈这封奏章。

王凤不是一般人，他是成帝的舅舅，也就是成帝他爹元帝的大舅子，他的妹妹王政君就是元帝的皇后，惹这样的人简直就是"老鼠舔猫鼻子——找死"。

但王章感觉自己有胜算。

王凤在成帝登基后不久，一天之内就要成帝给自己的五个弟弟封了侯，使得朝野一片哗然。

表面上皇帝对这个大将军舅舅言听计从，但从另一个角度来看，这未尝不是舅舅不把外甥放在眼里的证明。

就说光禄大夫（相当于副国级的国策顾问）刘向儿子刘歆那件事吧。小伙子绝顶聪明，跟父亲编了那本著名的《山海经》，还鼓捣出 3.15471 的圆周率。

成帝打算任命刘歆为有职无权的"副巡视员"，官服都准备好了，因为有人说了一句："大将军还不知道这件事。"弄得成帝只好赶紧派人告知王凤。王凤不置可否，成帝怏怏地把官服收了起来。

但王章纠结的是，王凤还是自己的贵人，当初就是他推荐自己当上京官的，要是自己出面弹劾他，人们会不会认为自己忘恩负义？

看到王章为上奏的事茶饭不思，妻子知道王章要做蠢事，急得直跺脚："你不替自己想也要替我们娘俩想一想，忘了你当初在牛棚里的经历了？"

妻子说的是王章求学时的事。

那时候家里穷，王章与妻子到长安求学时住在牛棚里，连一床被子也没有，只能睡在给牛取暖的麦秸堆里。有一次王章得了重感冒，贫病交加，英雄气短，一时想不开，哭着要赶妻子走，被妻子一顿臭骂："京城里那些公卿贵人，哪个学识文章比得上你？男子汉大丈夫，不想着出人头地，却哭哭啼啼，真没出息！"（*初，章为诸生学长安，独与妻居。章疾病，无被，卧牛衣中，与妻决，涕泣。其妻呵怒之曰："仲卿！京师尊贵在朝廷人谁逾仲卿者？今疾病困厄，不自激昂，乃反涕泣，何鄙也！"*）

不提牛棚还好，提起牛棚王章豪气陡生。大丈夫既有当初，也为今日，食君之禄，忠君之事。

他对妻子吼了一句："这种事你一个婆娘懂什么（*非女子所知也*）！"

同时他心里祈了个愿：这是国家大事，老天爷一定会有所感应，要是天有异象，我就上呈这奏章。

不知道老天爷是有眼还是没眼，农历二月的最后一天，正在上朝时，外面的天空一下子暗了下来。

所有人都涌出屋外，眼睁睁看着白晃晃刺眼的太阳变成了一个黑色圆盘。

天文官指挥手下烧香祭祀，有人抬来大鼓擂得声震郊野，还有人砍下竹子堆在一起烧得噼啪作响，希望赶走这只吞日的"天狗"。

王章夹在惊慌失措的朝臣中，看到天空中一个巨人正向自己招手，他横下了心。

王章让侍从赶紧报告，求见成帝。惴惴不安的成帝马上接见了他。

（会日有蚀之，章奏封事，召见。）

王章纳头便拜，侃侃而言："陛下看到了，天无二日，国无二主，日食是阴气侵蚀阳气，这是大臣擅政，陛下被大臣遮蔽的灾显。王凤胡作非为，大小政事都经他的手，陛下概不过问，这样下去，天下就会出现动乱了。陛下应该另外任用贤明的人来辅佐您。"

成帝将王章扶起身，他感觉不是自己扶着王章，而是王章像一根拐杖支撑着自己。他问王章觉得谁合适替换王凤。

王章胸有成竹，提了元帝时冯奉世将军的儿子冯野王的名字。

成帝沉吟不语，他知道冯野王，这个人的确能干，而且其姐于父亲在世时曾入宫侍候，其可算是自己的舅舅。

为了罢免王凤的事，成帝不断召见王章，每次都屏退左右，在室内窃窃私语。

君臣间的"鬼鬼祟祟"引起了一个人的注意，这个人就是担任内侍的王凤堂弟王音。王音忍不住隔墙偷听，听到的事让他大吃一惊，赶紧跑去告诉了大哥。

王凤并不慌张。王凤非常了解这个皇帝外甥谨小慎微、优柔寡断的性格，元帝在世时有一次有急事找身为太子的成帝，成帝居然不敢横穿皇帝马车的专道，绕了一大圈子才去见元帝，这成了大家的笑话。

王凤使出了最为寻常的招数，给成帝写了一封信，自我数落：辅政七年，无一功善，尸位素餐，使得阴阳不调，上天显示灾异以示惩戒。现在病体难支，未能尽力奉职，希望成帝饶过自己这把老骨头，赦罪让自己回家休养，不敢有一丝一毫的怨恨。

这封信写得情真意切，无比凄凉，简直能让石头人都掉下眼泪来。

历史残酷地证明了一个普遍道理：性格即命运。成帝捧着舅舅的信，看得泪水涟涟，罢免王凤的念头像风中摇晃的火苗，一下子就熄灭了。

日子一天天过去，只有王章还蒙在鼓里，不再获得成帝召见的他，还以为成帝正心思缜密地考虑如何下手，却不知道王凤指使大臣弹劾自己的密折已送到了成帝手里，罪状有两条：一是私自推荐冯野王，企图在朝里培植势力，结党营私；二是编排内宫张美人的谣言，对皇帝不忠。

满心以为成帝的天平会向自己倾斜的王章，等来了不愿相信的结果：一队士兵包围了他的家，带队的内侍宣读了诏书：京兆尹王章坐"大逆"罪，全家收监。

被褫去朝服的他，望着妻子牵着十二岁的女儿，被押上了另一辆马车。夫妻俩的眼睛像两股麻绳绞在一起，似有千言万语，却沉默无声。

王章一家被分别关进不同的牢房。王章知道自己不会再有上次那种侥幸了。

那是元帝在世时的事,那时候他刚被提拔为左曹中郎将,与"监察部部长"(御史中丞)陈咸一起联名弹劾"内阁官房长官"(中书令)石显。石显像翻巴掌一样把案子轻巧地翻了过来,陈咸被处死,他则被免去职务。

这回是不可能活着出去了,因为自己的罪名是"大逆",依律是要腰斩的。

在等待斩决的日子里,王章像《百年孤独》中站在行刑队面前想起父亲带自己看冰块的奥雷连诺上校,历历往事像电影镜头一样在他脑海中闪过。

他想起与妻子"牛衣对泣"的情形,聪明伶俐的女儿嬉笑的样子在面前晃过。他想到自己复出才当了两年"京都市长"就落到这个下场,似乎又看到了天空中那个曾经向他招手的人。老天爷,你这叫有眼还是没眼呢?

王章的故事就到这里。关于他的死,还有一个插曲:

有一天,他关在隔壁牢房的十二岁女儿半夜爬起来大哭,跟母亲说:"阿爷(父亲)死了!"母亲问她怎么知道,她说:"平时狱卒喊数都喊到'九',今天只喊到'八',阿爷性格刚硬,先被处死的一定是他。"第二天一问,王章果然在前一天被处死了。(*章小女年可十二,夜起号哭曰:"平生狱上呼囚,数常至九,今八而止。我君素刚,先死者必君。"明日问之,章果死。*)

后面的故事开始与合浦有关。

王章的妻女被发配到合浦(*妻子皆徙合浦*)。

这个岭南燠热湿毒之地，"郡不产谷实，而海出珠宝"。孤儿寡母，生计无着，王章妻子意外地发现，成帝在京用来赏赐朝臣的珍珠竟是当地的特产，人们都用珍珠交换谷物。

她怦然心动。

她想到昔日在京都时，自己认识的那些贵妇夫人对珍珠趋之若鹜，拥有一颗珍珠简直跟得到一匹宝马一样，把珍珠当成最为贵重的收藏品和礼物，没想到这个地方却一斛一斛地交易。

她倾尽积蓄，把头上的金钗都拿了出来，换回了成挑的珍珠。

交易的人她早就找好了，是那些从长安贩运丝绸、瓷器、香料到合浦再转卖海外的长途客商，有的就是丈夫当"京都市长"时的手下，她将珍珠批发给他们贩回长安。

如她所料，京城的达官贵人把产自合浦的珍珠视为天物。人们相信真的像客商们所说，南海水里生活着无数的鲛人，他们的眼泪化成这些晶莹的宝物。

跟她要货的客商越来越多，她的货供不应求，仅一年多，她就赚了数百万家产。

公元前 22 年八月，大将军王凤一命呜呼，他的弟弟王商接任了大将军。

朝堂之事，形势总是比人强。王商虽是王凤的弟弟，却也明白大哥多年滥权擅政，积怨太多，特别是王章的冤案，朝臣私下都有不平之声。

王商给成帝上奏，让王章的妻子和孩子回老家。

皇帝虽然还是那个皇帝，但王凤一死，皇帝就有了替罪

羊，他批了两个字：准奏。

王章的妻子带着经营珍珠所获的数百万家产，回到了王章的老家山东钜平县（现泰安磁窑镇）。接到皇帝指示的泰山太守萧育批准他们赎回全部的田宅。

王章的故事，让汉朝史学家、作家班固深为感慨，对王章既敬佩，又觉得他莽撞，称他"刚直守节"却"不量轻重"，弄得自己系狱横死，老婆小孩还被流放，"哀哉"！

我遗憾的是，古代海上丝绸之路始发港之一的合浦，有这么一个忠臣被谤杀身后其贤妻仍自强不息的感人故事，居然至今没有被拍成电视剧或电影。

他离任为何"干部群众"拦路阻行?

合浦于西汉元鼎六年(公元前111年)设郡,唐太宗坐上皇帝交椅后的第八年(634年),将岭南道越州改为廉州。

在这之前,隋唐曾在巨鹿郡(现在的石家庄)设立廉州,唐太宗将越州改为廉州前七年,已将其废除。

"唐改郡为廉州,何也?"元朝的伯颜说:汉朝这个地方出了一位孟尝太守,他推行德政,革除积弊,使得原来逃到交趾的珠蚌都迁了回来,唐太宗改名是为了反腐倡廉。

补充一句,元朝有两个伯颜,民间有"成也伯颜,败也伯颜"之说,意思是元朝的建立是因为一个叫伯颜的人,元朝的灭亡也是因为一个叫伯颜的人。

不幸的是,与合浦廉州有瓜葛的是后面那个亡元的伯颜。

不过,"不以人废言",他说的话也未必不对。

唐太宗励精图治,想借廉州改名之事在边陲之地弘扬廉政文化,因为历史上岭南的官员一向很贪婪。

《后汉书·孟尝传》称:孟尝到任之前,"先时太守并多贪秽"。"并多贪秽",可见不只是孟尝的前任这样,前任的前任,甚至前前任都是这样。

合浦郡为交趾刺史部属郡。《后汉书·贾琮传》称:在贾琮之前、贾琮之后的交趾刺史,大多都很"黑",对上拍权贵的马屁，对下收受贿赂，因为收的钱多，动不动就拿来买官（土多珍产……前后刺史率多无清行，上承权贵，下积私赂。财计盈给，辄复求见迁代）。

负责巡察各郡的交趾刺史已是这副德性，上行下效，下面各郡的官员也好不到哪里去。

东汉光武帝时，同属交趾刺史部的交趾郡有一个叫张恢的太守"坐臧千金，征还伏法"，从他家没收的珍珠被赐给尚书钟离意，钟离意认为是脏东西而将其丢到地上。

明末的屈大均感慨，粤东地区出产各种奇珍异宝，那些翻过大庾岭到岭南为官者，极少有人能持行守道，洁身自好（粤东所在，颇多难得之货，士大夫踰大庾而南，罕有不贪婪丧其所守）。

不过，廉州在历朝历代的确出现过一些对得起"廉州"这个名字（名与州符）的清官。第一个就是孟尝。

孟尝不是战国"四公子"之一的孟尝君田文，而是东汉桓帝时的合浦太守。著名的成语"珠还合浦"就因他而来。

孟尝是鲁迅家乡绍兴（古会稽）上虞人。他从老家的"县长"（县令）获提拔到合浦郡担任太守。

还在当"县长"之前，孟尝曾做过一件感天动地的事。

上虞有个寡妇，非常孝顺婆婆，侍候婆婆直到婆婆去世，小姑却诬告寡妇嫂子将婆婆毒死。太守草草结案定罪，判了寡妇死刑。

孟尝当时在会稽衙门的户曹当差。衙门有九曹，"户曹"相当于现在的民政科，处理户籍、婚姻、劳役、赈济之类的事务。

孟尝相当于一个"民政科科员"，却不在乎自己人微位卑，向太守"越级反映"了寡妇蒙冤的事。

太守自然不理他。于是，孟尝在衙门门口大哭了一场，愤而辞职。

要知道，孟尝当时公职的薪水是"百石"，每月发谷十六斛，发钱八百铢，折算为现在的收入，光粮食就有近千公斤，足以令他衣食无忧。

可见孟尝的性格多么"一根筋"，不顾利害，舍利取义，迥然不同于那些个"精致的利己主义者"。

砸了饭碗，孟尝却没有把这事丢到脑后。一个叫殷丹的新太守上任时，他一点不避嫌——换到现在，恐怕谁都要思前想后，马上找到殷丹为寡妇鸣冤叫屈，终于为被诬陷的寡妇昭雪了冤情。

孟尝到合浦郡做太守，面对的是一个"烂摊子"：由于前任们贪婪无度，无休无止，用各种方法逼迫民众采珠，搞得珠蚌都"跑"到与交趾交界的地方去了。

珍珠业是当时合浦的支柱产业，民众普遍用它交换粮食。珍珠业一衰落，老百姓就挨饿，路边不时能见到饿死的人。

孟尝怀揣着年轻时为寡妇申冤的那股倔劲，"革易前弊，求民病利"。换成现在的话说，就是从群众需要的地方做起，从群众不满意的地方改起，着力解决"群众最关心、最直接、最现实的利益问题"。

不到一年，奇迹发生了：那些"迁徙"的珠蚌又回来了，老百姓生计复苏，市道繁荣，安居乐业，大家都将孟尝奉为神明。

（郡不产谷实，而海出珠宝，与交阯比境，常通商贩，贸籴粮食。

先时宰守并多贪秽，诡人采求，不知纪极，珠遂渐徙于交趾郡界。于是行旅不至，人物无资，贫者饿死于道。

尝到官，革易前弊，求民病利。曾未逾岁，去珠复还，百姓皆反其业，商货流通，称为神明。）

"合浦珠还"的故事并非神话。中国人讲究"天人感应"，常常把大自然的异象归因于施政得失。珍珠重新"现身"，人们认为是善政感天，珠蚌为德政所召回。

明朝科学家宋应星说出个中原因：珍珠生长需要一定时间，太过频繁地采捕，难以为继，停采之后，贝蚌又能繁衍生息孕育珍珠，"所谓珠徙珠还……非真有清官感召也"。

但这也许就是中国人常说的"天地之间有杆秤"吧。

孟尝后来因为身体不好，给皇帝写信获准回家休养，离开时"干部群众"爬上他的车子不让走，他只好乘坐小船连夜离开。

回到老家，他既不惊官，也不扰民，自己找了一个偏僻的地方耕田种菜，自食其力。有一百多户人家因为敬仰他，搬来和他一起居住。

（以病自上，被征当还。吏民攀车请之。尝既不得进，乃载乡民船夜遁去。

隐处穷泽，身自耕佣。邻县士民慕其德，就居止者百余家。）

孟尝的事迹深深地打动了同郡的尚书杨乔。他给汉桓帝写信，希望朝廷能重用孟尝，不要让这样清廉守节的能吏"沉沦草莽"，"弃于沟渠"。

杨乔一共写了八次信，汉桓帝都无动于衷，杨乔最后愤而自杀。

皇帝哪里忙得过来，这时的汉桓帝正深陷于宦官与外戚豪族的斗争中，而既好佛道又好色的他还曾创下一项"历史纪录"：后妃多达五六千人。

人生七十古来稀，孟尝整整活了七十岁，在老家病逝。斯人已矣，风范长存。他的家乡上虞现在还有"孟尝故里"的标识。

明朝广东按察司驻廉州府副使甘泽写过一首诗：

为官合浦去珠还，万古流芳天地间。
富贵心轻犹敝屣，贞廉名重并高山。
来时岭外神明惧，去日辕前父老攀。
自是仁民恩到骨，至今祠屋祀天南。

合浦出了个孟尝，无疑是百姓之福，但未必就"与有荣焉"。

在专制制度下，一个人成为清官属于"随机事件"，基本缘于个人信念。而信念的形成，与个人的出身、成长环境有关。

孟尝祖上三代都为国牺牲（其先三世为郡吏，并伏节死难），孟尝从小就受到良好的家风熏陶。

汉朝以"孝廉"为社会核心价值观，并有"察举孝廉"的"组织路线"相配套。因此，孟尝能"举孝廉"，从县令提拔为太守。

但"察举孝廉"这种制度只能寄希望于英主明君，无法避免"人亡政息"的历史周期律。汉朝那首"举秀才，不知书；察孝廉，父别居；寒素清白浊如泥，高第良将怯如鸡"的著名童谣，就揭示了察举制度的蜕变。

而孟尝这样的清官，恰恰是在"多无清行"的风气下，像左拉的小说《陪衬人》的主人公那样得以凸显出来。

东汉交趾的一位"个性"高官

我一直认为诗歌的前身是顺口溜,《诗经》中的不少诗歌明显就是抄下来的顺口溜。

除了中学时即使语文不及格也能记得的《硕鼠》,下面这首更加通俗易懂的《相鼠》,简直是如假包换的顺口溜:

相鼠有皮,人而无仪!人而无仪,不死何为?
相鼠有齿,人而无止!人而无止,不死何俟?
相鼠有体,人而无礼!人而无礼,胡不遄死?

要说它们不是顺口溜,就算孔子跟我担保,我也不相信。

顺口溜易于传播,除了因为使用了比兴、押韵、回环等手法,更因为内容的针对性强。

愤怒出诗人,好恶爱憎忧乐出顺口溜,它是情绪的产物,虽然很不"客观全面",但却十分尖锐准确。

顺口溜并不都是"哪壶不开提哪壶",一味讽刺挖苦,针砭现实,历史上不乏歌颂官员勤政爱民和政治清明的"正能量"之作。

汉朝就有一位与合浦有关的官员因为推行德政,深得老百姓的爱戴,成为顺口溜的"传主"。

他姓贾名琮，山东人，东汉灵帝时期为官。

他虽没有在合浦任过职，但作为统辖岭南九郡的交趾部刺史，处置过与合浦郡有关的一起"群体事件"。

中平元年（184年），交趾郡的兵士百姓"聚众闹事"，将交趾刺史和合浦太守扣为人质。

皇帝派遣贾琮火速前往"灭火"，平息事端。

这位新任交趾刺史很快查明，民变完全是官逼民反，一来赋敛过重，民不聊生；二来京师遥远，百姓状告无门。

（交趾土多珍货，前后刺史多无清行，财计盈给，辄求迁代，故吏民怨叛，执刺史及合浦太守来达，自称柱天将军。

三府选京令东郡贾琮为交趾刺史。

琮到部，讯其反状。咸言：赋敛过重，百姓莫不空单。京师遥远，告冤无所，民不聊生，故聚为盗贼。）

贾琮快刀斩乱麻，"胡萝卜加大棒"，一方面简选一批风评良好的官员迅速补位，代行政务，并贴出安民告示，收留流民，废除徭役；另一方面派兵围捕啸聚山林的造反首领。不到一年，交趾和合浦郡就安定下来了。（简选良吏试守诸县，岁间荡定，百姓以安。）

街头巷尾流传起顺口溜：

贾父来晚，使我先反；
今见清平，吏不敢饭。

贾琮来前，民不聊生，官逼民反；贾琮来后，严于治吏，一片清平，官不聊生，"吏不敢饭"，官吏们都规规矩矩，不敢再"打秋风"了。

贾琮任了三年交趾刺史，交趾刺史部辖下荒天僻地的岭南九郡，政令畅通，百姓安居乐业。贾琮的"绩效考核"连年排名全国第一。

贾琮后来又被派到积弊丛生的冀州任刺史，上任时也留下一段佳话：

以往新官上任讲排场，皂隶马弁，旗锣扇伞，金瓜开道，银镰押后，前头还有人举着"肃静"和"回避"的牌子，官员则坐在挂着布帷的车上，如神灵归位，肃穆就任。

贾琮上任时一反常态。他轻车简从，下令把车上的布帷都掀起来，所经之处，还探身与郡民挥手招呼。

他说："我身为刺史，要了解民情官风，怎能当瞎子聋子，挂着帷幕等于自掩耳目。"

这个出场秀，像刮起了十二级台风，一些贪赃枉法的官员被吓坏了，把官带、官印解下来，逃之夭夭。

（百城闻风，自然竦震。其诸臧过者，望风解印绶去。）

政声人去后，闾阎话短长，为官一任，老百姓都会有评价。为了青史留名，不少官员都希望上书立传，甚至勒石铭碑，但这种"树碑立传"很多属于"自我表扬"。

与不着调的"树碑立传"相比，出自民间悠悠众口的顺口溜似乎更靠谱一些。"金杯银杯不如老百姓的口碑"，顺口溜就是口碑。

像贾琮这样，为官一任，里巷讴歌，实乃真正的"人过留名，雁过留声"。

这一家四代五人曾任交州老大

东汉时的交州，包括现在的广东、广西，以及越南中部、北部。三国时期，交州属于吴国的势力范围，治所先在梧州，后迁广州。

黄武五年（226年），孙权将交州一分为二，以合浦为界，以北为广州，以南仍为交州，包括交趾和两广的雷州、钦州。

永安五年（262年），东吴皇帝孙休派使者前往交趾征收孔雀、野猪等特产。

孙休不知道，他的这道征贡令像一瓢油浇到火上。

交趾太守孙谞当时危如累卵，已经压不住阵。在这之前因为他征调数千人前往建业（今南京）服役，闹得百姓怨声载道。

翌年五月，地方官员正在"积极开展落实"征收特产的工作时，郡吏吕兴发动叛乱，杀死了孙谞，连孙休的使者也一并干掉了。

中原群雄并立，时逢乱世，蜀汉此时已被曹魏所灭，把老大干掉的吕兴转而找曹魏做了靠山。

篡夺了曹魏政权的司马炎派遣蜀汉降将霍弋发兵交趾，援助吕兴，很快控制了交趾地区，九真郡、日南郡相继归顺司马政权。

东吴这时轮到孙皓当家，派薛珝任威南将军兼大都督前往平叛，东吴苍梧太守陶璜请缨出战，不料吃了败仗，损失了两员大将，从交趾退回到合浦。

薛珝大怒，指责陶璜吹牛皮。陶璜辩解是因为各个部队不能互相响应而落败。

为了将功补过，陶璜连夜带领几百名士兵偷袭敌营，缴获了大量珍宝，用船运了回来。

薛珝转怒为喜，向陶璜道歉，任命他负责交州事务，并担任交趾平叛的"前线总指挥"。

陶璜指挥十万大军从海路直扑交趾郡城，与守将董元对阵。

刚一交战，董元就假装败退，陶璜挥师追击，对方伏兵纷纷杀出。

陶璜其实早就料到董元的这一手。他将计就计，组织冲锋时在队伍中安排了手执长枪的士兵。对方伏兵一出，就被"长枪兵"架住。

自以为得计的董元部属一看中了陶璜的圈套，士气一下子就垮了下来。

董元手下有一员大将叫解系，陶璜找来解系的弟弟解象，叫他给解系写信，并让解象乘坐自己的车子，弄了个乐队跟着他吹吹打打在城外招摇出行。

这个离间计果然生效，董元认为解系不可靠，派人杀了他。

陶璜足智多谋，在平叛之战中，不仅收复了失地，更收复了人心。他将交趾郡城团团包围，交趾太守杨稷坚持不到百日，粮食已全部吃光，杨稷要向陶璜投降，被陶璜拒绝。

不仅如此，陶璜还做了一个出乎所有人意料的决定：指示攻城的士兵给坐以待毙的叛军送去粮食，帮助他们继续"负隅顽抗"。

原来，杨稷是西晋任命的交州刺史霍弋的手下。在与吴军开战前，霍弋曾与杨稷立约：如果交趾太守杨稷围城未满百日便投降，就杀掉守城将领的家属；如果超过百日援军不到，由霍弋承担罪责。

接到送粮命令的将士一片哗然。陶璜解释说："现在霍弋已经死了，不可能再来救杨稷。等到他们约定的百日期满再接受投降，守城的人就不用承担罪责，还能显示出我军是仁义之师，对内能使百姓受到教育，对外能安抚邻国。"

虽然陶璜拿下交趾城，为东吴平定了叛乱，但是他自己也损失惨重。这时候的西晋"以蜀制交"，坐山观虎斗，势力不断壮大。

天纪四年（280 年），在西晋大军兵不血刃的进攻下，东吴最后一任皇帝孙皓在建业给各地臣僚广发劝降信，并将自己捆绑起来到洛阳投降，东吴宣告灭亡。

"运去英雄不自由。"陶璜接到孙皓让自己投降西晋的信，哭了好几天，派人将印绶送到洛阳。

司马炎下诏，让他继续担任交州刺史，并封他为宛陵侯。

之所以要说陶璜的故事，是因为这位历史上杰出的政治家、军事家与合浦有缘。

陶璜的父亲陶基曾任东吴的交州刺史，因此陶璜从小就对交州辖下的合浦郡的珍珠生产情况十分熟悉。

《资治通鉴》记载，曹操的孙子曹叡继承皇位后，派人用马匹与吴国的孙权交换珍珠、翡翠、玳瑁等宝物。

孙权对大臣说："这些对我来说都是没用的东西，可以换战马，我有什么舍不得！"

孙权把珍珠视为无用之物，之前曹丕跟他讨要珍珠、雀头香、长鸣鸡之类特产时，他就说过这些于己就是瓦块石头（彼所求者，于我瓦石耳），全都给他。现在能换回战马，他更是喜出望外了。

但孙权深知珍珠的价值，非常重视珍珠生产。他将合浦郡改为"珠官郡"，在合浦县的南部另设"珠官县"，从那以后，珍珠资源开始被官方垄断（始有官领采办之事），规定了采珠者交纳的数量，全部由政府征收，禁止私自交易。

晋武帝司马炎也是"爱珠人士"，灭吴后延续了严控珍珠的政策，于太康三年（282年）派兵镇守，将合浦珠池纳入军管。"靠海吃海"的百姓彻底没了出路，饥寒交迫，苦不堪言。

虽然自己属于前朝的"投诚"人士，但是陶璜丝毫不避嫌疑，向晋武帝上书劝谏。他说，合浦郡土地贫瘠，没有人种地，都以采珠为业，用珍珠交换粮食。他建议每年十月到翌年二月放开市场交易，珠民采得的珍珠划分等级，好珠的三分之二交纳官府，次珠交纳三分之一，劣珠则由珠民自行处理。

晋武帝从善如流，采纳了他的建议。

史书记载，陶璜任交州刺史三十年，深受百姓爱戴，连交州偏远地方的人们都感念他的德政。陶璜去世时"举州号哭，如丧慈亲"。

　　陶璜对交州的治理，极大地加强了岭南地区与中原的"共同体意识"。他去世后，交州走马灯一样地换了四任刺史后，陶璜的儿子陶威和陶淑两兄弟、陶威的儿子陶绥相继担任交州刺史。这样，从陶璜的父亲陶基至陶璜的孙子陶绥，陶家一共有四代五人当过交州的老大。

七品官谋成了"千年大计"

我讲合浦、廉州的"古"，有时笼统写成"北海"，因为北海的"古代"就是历史上的合浦、廉州。

清人编的《廉州府志》，所载物事，就囊括清朝廉州府境内原来的秦朝象郡、汉朝合浦郡，还有隋、唐、宋、元各朝道、路、省的辖区。

言归正传。大家都知道，现在的钦州城紧靠钦江，但历史上并不是。

钦州城原先在灵山县境内，北宋一位叫徐的的官员将它迁到了江边，后来的钦州城据此像大饼一样摊开。

徐的，字公准，福建建安人，北宋真宗时期的进士，真宗去世那年获任命为钦州军事推官。

这个职务相当于州官的助理，顶多算个七品，宋朝军政交叉，设立军事推官专门负责办理与军队有关的事务。

钦州原来的"州政府"（州治）在灵山的山坳里，环境闭塞，瘴气很重，经常流行疫病。

徐的向"财政厅厅长"（转运使）——负责广南西路财赋、粮盐调度的官员——郑天监建议，将"州政府"迁到开阔平坦的钦江边。

郑天监把徐的的建议呈报朝廷，迁建工程获得了"立项"，并让"多管闲事"的徐的担任工程总指挥，官场惯例都是谁提建议谁干活的。

（的见转运使郑天监，请曰：徙州濒水，可无患。请转而上闻。从之，天监因奏留的使办役。）

"州政府"迁建是个大工程。除了建官衙，还要筑城墙，挖城池，修建望楼、军营、住房、仓库、市场……各种军事、民用设施，林林总总。

徐的每日穿着短衣，与民工一起抬土、搬石头，汗流浃背，在工地干得热火朝天，没有丝毫官架子。

（的短衣持梃，与役夫同劳苦，筑城郭、立楼橹，以备战守。画地居军民，为府舍、仓库、沟渠、廛肆之类。）

所谓的"官架子"其实就是那身官服。古代官民有别，官服既不能随便穿，也不能随便脱，只有特殊情况下例外，所以官员到民间才有"微服私访"一说。

官员与民众一起劳动，几乎是一种"神话"。传说大禹治水和民众吃睡在工地，披星戴月挖山掘石，三过家门而不入。还有苏轼在担任徐州太守时遭遇洪灾，他高呼"人在阵地在（吾在是，水决不能败城）"，与军民一起在泥水中奋斗（太守犹不避涂潦）。

这套官民有别、衣冠取人的仪轨源远流长。"黄帝尧舜垂衣裳而天下治"，黄帝将衣服染成五色，为的就是"昭名分，辨等威"，并形成了一种制度（乃染五采为文章，以表贵贱，于是衮冕衣裳之制兴）。

在等级森严的时代，短衣褐服、束腰挽袖"厕身"于劳动人民中的确罕见，所以《廉州府志》会将徐的"短衣持梃，

"与役夫同劳苦"的事记录下来。

做出这种事的徐的，用现在的话，无疑是一个"个性官员"。他辗转多地任职，在每个岗位上都大胆任事，政绩斐然。

不知道是否因迁建"州政府"有功，徐的后来升任"建设部司长"（工部郎中）。在这之前他还当过广南西路提点刑狱，这职务相当于一省的检察长。

徐的为官，一是不怕事。

他在广南西路任职时，宜州当地百姓闹事，杀死了守军将领，将领的部下害怕被问罪处死，打算干脆造反。

徐的得到消息，单骑拍马直接闯进了军营。

兵士军心浮动，挽弓持械，气氛紧张得如一个随时爆炸的火药桶。

徐的神色坦然，苦口婆心地对大家陈明利害："如果出力征讨，你们还能立功赎罪；要是造反，就只有死路一条了。"经他一番劝慰，兵士们陆续放下武器，事态平息。

他不仅不怕事，还敢"惹事"。

有个叫欧阳景的太子洗马仗势欺人，成为当地一害。太子是未来的皇帝，"洗马"并不是给太子的马匹洗澡的下人，而是太子的助手。

徐的不予理睬，查清其罪行，将这个"太子身边的工作人员"发配到岭南。

不怕事，除了胆大，还得有招。

徐的调任荆湖北路转运使时，曾代管江陵府的政事。城里一班恶少到处寻衅滋事，经常纵火打劫，有时一个晚上十几个地方起火，被抓到就互相推诿，抵死不承认。

徐的派人侦查，一一搞清楚这班恶少的姓名住址，造了个花名册，把人集中起来，训斥一通，勒令他们互相监督，今后只要有一处起火，所有人都吃不了兜着走。江陵城里从此夜间平安无事。

徐的为官，二是敢于任事。

徐的担任淮南、江浙、荆湖地区的运输官，盐粮运不出去，他打报告要求疏通运河，皇帝还没批复，他噼里啪啦雷厉风行就干了起来，将三百万斤积压的食盐运了出去，给国库换回了一大笔钱。

徐的更让人称颂的是他在湖湘地区"治匪"的事迹，"人来蛮服，人去蛮反"。

徐的升任工部郎中之后，因为湖南境内少数民族部落造反，欧阳修等人推荐他前往围剿。他人刚抵达，那些作乱的部落首领就一个个出来投降。

事态刚刚平息，朝廷举办郊祀大典，召他回京。他人刚离开，那些部落又重新造反。

朝廷于是任命徐的为安抚使，那些部落首领看到徐的回来，纷纷归顺，少数"负隅顽抗"的，也很快被他平定。

为官一任，造福一方，人们喜欢说"千古不朽"。徐的的最高职务只是"工部郎中，直昭文馆"，不外乎一个五品官，但把钦州城搬到钦江边，迄今已逾千年，他做成了一件千古不朽的事。

危祐却扇，千古流芳

人过留名，雁过留声，古人认为"立德立功立言"才能永垂不朽。"立言"一般应著书立说，但也常有因为一句话就青史留名的。

反面的例子很多。曹操说"宁愿我负天下人，不愿天下人负我"，还有晋惠帝的"何不食肉糜"，天下无人不知。

正面的例子也不少，像陈胜的"王侯将相宁有种乎"，范仲淹的"先天下之忧而忧，后天下之乐而乐"。

宋朝曾任廉州太守的危祐，为官生涯因为两句掷地有声的话，赢得人们的敬仰。

危祐是江西人，人品一向极好，守底线，有操行。他在邵州任知州时，有一次京都的官员下来考察，想弄一些土特产。危祐表示不好弄，这样"打秋风"会惹当地百姓反感。

危祐心里想的是民情不可悖，但对方觉得危祐"吵屁耳"（多嘴惹人烦）（不见听），堂堂知州一点土货也弄不来，是真的这么"差火"（差劲），还是不识抬举？

下属劝危祐不必这样较真，对方是京官，不妨做个人情。

危祐将官员上朝所用的笏板拿出来，撂在公案上说："谁爱弄就弄，反正我不能扰民来保我这个官！"

知州要辞职走人，"人民群众"不干了，黑压压地涌到衙门前挽留。

（使者按治，有所求。祐告以民情。不从。因置笏曰："某不敢扰民以固位也！"请遂归。百姓遮道留之。）

还别说，这一下还真把他留住了。不知道当时辞职有什么"组织程序"，反正朝廷没有处理他这种"煽动群众给组织施压"的"任性"之举。

我查了一下，当时正值史称"守成贤主"的宋仁宗在位，也许事非偶然吧。

危祐不仅得以留任，还因为这场风波获得重用，不久就提拔为专门培养七品以上官员子弟的"国家行政学院领导"（寻迁太学博士）。

危祐把乌纱帽看得这么没有分量，可以想象得到他的官场遭际。

危祐果然、终于、不出所料地迎来了自己的命运转折，北宋景祐元年（1034 年），他因为提意见得罪当政宰相，被贬到廉州任太守。

"机遇总是垂青有准备的人"，官场上不乏把新官到任当作机遇的人。危祐刚上任不久，便有人把一把镶有很多珍珠的"聚珠扇"送上门。

危祐掂起扇子，感叹道："我作为廉州的太守，拿着这把扇子面对干部群众，对得起'廉州'这个府名吗？"他让下属还了回去。

（谪守廉州，吏进聚珠扇。叹曰："方为廉州太守而执此扇以对吏民，独不愧州名乎？"却之。）

史书中对危祐的记载不多，查不到他担任廉州太守时的

施政作为，但"却扇"一事，像一面明晃晃的镜子，照出了他爱惜羽毛的作风，跟他在邵州任知州时如出一辙。

合浦产南珠，古时候有个"吞珠化龙"的传说：有一个人得到一颗大珍珠，不知道它是龙珠，用它与人交换粮食。那个把龙珠换到手的人识宝，得到梦寐以求的宝贝后，藏在哪里都觉得不踏实，于是把龙珠含在嘴里，一不小心，骨碌吞下了肚。他感觉肚子又鼓又胀，什么东西也吃不下，浑身像着了火一样热得难受，只好跳进水里，不一会儿，身上开始长出鳞片，很快鳞片盖满了全身。他拼命用手指抠那些鳞片，却惊恐地发现手指头越来越长，最后变成了利爪。很快，他整个人变成了一条龙，住的房子陷下去变成了一个深渊。那个地方就是后来的"龙村"。

这个故事记录在明末屈大均的《广东新语》中。

屈大均说，龙珠价值连城，人把它吞到肚子里却会变成长鳞甲的怪物；一个人拥有了宝物，却失去了本性，连自己的身体都没了。像危祐这样，面对贵重的聚珠扇，拒之不受，可以称之为不失本性的人。（*如祐者可谓无失其性者哉！*）

宋朝孔子后裔的"南珠缘"

隐安楼阁贯空嵌，绝顶磨霄凝翠岚。

若到白云犹未半，凭君更上七星岩。

这首宋朝的《七星岩》，水平"麻麻嗯"（一般般），但写诗的人却不寻常，大名"孔延之"，是大成至圣先师孔子的第四十六代孙。

推测这首诗应该写于他任广南西路转运判官时，从职能来说，这职务大致相当于财政部广西专员兼粮盐局局长。

孔延之，江西新淦人，家境寒苦，从小父母双亡。好在他继承了圣人好学的基因，朝乾夕惕，自强不息，发奋读书，白天在田头捧着书看，晚上点松明继续看书。（幼孤，自感励，昼耕，读书垄上，夜燃松明继之。）

用松明照明读书，这个比较可信，不像车胤的"囊萤夜读"。

书上说车胤早上去捉萤火虫，装在白绢做成的透光袋子里，夜里用来照着看书，一看就是瞎编的。白天有时间捉萤火虫，为什么不读书呢？再说要捉多少萤火虫才能照明？凭我的经验，萤火虫特别娇气，熬不了几个小时就会"挂掉"。

松明不同，它是带油脂的松柴，非常容易点燃，烧起来火光通明。小时候我用它照明捉黄鳝，用来读书更是一点问题也没有，缺点就是油烟大，味道重，点一夜松明，浑身上下沾染一股松脂味。

功夫不负有心人，顶着一脑袋松脂味的孔延之"学艺大进"，庆历二年(1042年)解试考了第一名，翌年殿试中了进士，被任命为钦州军事推官，约略相当于钦州的"武装部部长"。

史书称孔延之"九迁至尚书郎"——也有说是"八迁"，意思是他考中进士成为"公务员"后，升迁了八九次，最后升为部里的司长，皇帝专门赏赐他"绯鱼"。

"绯鱼"是绯衣和鱼袋的并称。绯衣是唐宋时期官员的服饰，五品以上才有资格穿戴，同时佩带鱼袋，相当于那时候的"高干证"。

孔延之一步一个台阶，在官场徐行渐进，而没有"跨越式"晋升，这跟他的性格很相符。

他为人忠厚，做官踏实，不喜欢出风头、耍权术，被视为"笃行君子"，辗转为官的地方，都留下很好的政声。

他在钦州推官任上，曾为钦廉珠农办过一件功德无量的好事。

宋朝的"珍珠政策"比较宽松，宋太祖登基后，废止了南汉皇帝刘鋹垄断珠池、滥采暴敛的政策。开宝五年（972年），撤销了刘鋹专门为采珠而设立的岭南道媚川都，让珠农自谋职业（蜑丁纵其自便）。

但珍珠毕竟是贵物，人人都想占有。皇帝不爱，不等于别人也当成瓦砾，朝廷罢采后的空档很快就被地方豪强填补。

他们纷纷霸占珠池，雇佣珠民采珠，威逼利诱珠民继续从事这种危险工作，对他们各种霸凌盘剥。

孔延之主动作为，勒令富户不准圈占珠池，还海于民，让珠民自行采捕，史书记载一共有六百户受雇的珠民得到了解放。大家皆大欢喜，十分感念孔延之的德政。

（授钦州军事推官，钦廉二州蜑户以采珠为富人所役属，夺使自业者六百家，皆定着令。）

孔延之实施这种德政，其来有自，应该缘于他牢记孔圣人老祖宗"以德治国、仁者爱人"的遗训，记取"苛政猛于虎"的谆谆教诲，一心维护群众利益。

孔延之不愧是圣人后裔，坚持"学而时习之"，不仅喜欢读书，还喜欢藏书、著书，经常节衣缩食用薪水买书。他与著名的理学大家周敦颐、诗人曾巩等往来密切，经常互相切磋。

值得一说的是孔延之的后代。

孔延之活了六十一岁，生了七个儿子，其中孔文仲、孔武仲、孔平仲都是宋朝的知名诗人，人称"三孔"，与"二苏"（苏轼、苏辙）并列，黄庭坚称之为"二苏联璧，三孔分鼎"。

这三人中最小的孔平仲，官声卓著，写过一本有名的笔记体著作《续世说》，记述了南北朝至唐五代的朝野轶事，我的一些讲古文章，史料就源于这本书。

廉州——苏东坡最后的乐土

北宋元符三年（1100年），著名的"文艺帝"宋徽宗继位登基，下达圣旨，准许苏东坡离开"食无肉、病无药、居无室、出无友、冬无炭、夏无寒泉"的海南儋州，以琼州别驾"量移"（调迁）合浦廉州。

苏东坡被发落海南已达三年，当初被昔日的好友、后来的政敌、"变法派"新旗手章惇一脚从惠州踢到了孤悬海外的海南，他感叹临老投荒，早已抱定埋骨海外之心。

五月十五日接到大赦令，六月十七日从儋州起程，六月二十日渡海，苏东坡大喜过望，溢于言表：

参横斗转欲三更，苦雨终风也解晴。
云散月明谁点缀？天容海色本澄清。
空余鲁叟乘桴意，粗识轩辕奏乐声。
九死南荒吾不恨，兹游奇绝冠平生。

诗里所表达的快乐心情，跟杜甫忽闻官军收蓟北时，"白日放歌须纵酒，青春作伴好还乡"何其相似乃尔。

但苏东坡没有想到，渡过琼州海峡登岸之后，却遭遇连日大雨，他又乘坐小船到了雷州官寨，得知因暴雨成灾，前往廉州的道路皆被水淹，只好继续雇请小渔船走海路到了白石渡（在今合浦闸口镇）。

他在抵达廉州后七月四日的日记中，忆录了夜泊官寨的情形：

是日六月晦，无月。碇宿大海中，天水相接，疏星满天。起坐四顾太息："吾何数乘此险也！已济徐闻，复厄于此乎？"

过子在旁鼾睡，呼不应。

所撰《易》《书》《论语》皆以自随，世未有别本，抚之而叹曰："天未丧斯文，吾辈必济！"已而果然。

老父弱子，一叶孤舟，困于茫茫大海之中，刚刚经历渡海颠簸的艰险，又陷入眼前无路可走的险境，就算再不相信命运的人，恐怕也会感觉冥冥中有一双大手摆布着自己。让苏东坡生出"天未亡我"幻想的，只有身边尚未刊行的书稿。

人都有脆弱的时候，苏东坡也不例外。

绝处逢生，到了廉州后的苏东坡，享受了他贬谪海南以来最为踏实而快乐的一段时光。

他是全国"知名"的诗人，尽管廉州地处荒僻，"去神京万里"，他的文名对于这里的人们，同样如雷贯耳，"粉丝"无算。太守张左藏和名士邓拟、刘几仲等人每日与他推杯换盏，流连诗酒。

苏东坡先是"馆于城中旧倅厅之右"，后来邓拟安排他住进了"私家庄园"清乐轩。他在这里接待了在廉州石康县任知县的欧阳晦夫，他们都是欧阳修的弟子。

听说苏东坡调任廉州，欧阳晦夫带着妻儿前来探望。颠沛流离，阔别经年，他乡遇故知，两人执手相看，热泪滂沱，一起回忆起当初在恩师家切磋诗艺的情景。

唱和应答自然是少不了。升迁钦州知州的朋友乔太博报信邀饮，他写诗祝贺："马革裹尸真细事，虎头食肉更何人"，把对方比作马援、班超。

退休在家的好友郭功甫也给劫后余生的苏东坡寄来诗歌：

君恩浩荡似阳春，海外移来住海滨。
莫向沙边弄明月，夜深无数采珠人。

毕竟是几十年的老朋友，郭功甫知道苏东坡生性放达，天真率性，字里行间满满都是对他以文贾祸的担心，叮嘱他不要再吟风弄月招惹麻烦了，哪怕夜深人静，切勿忘了还有"无数采珠人"。

虽吃过被人寻章摘句、罗织罪名的苦头，坐了一百多天大狱，但天真率性的诗人本性难移——

七月正是龙眼成熟的季节。龙眼别名"荔奴"，苏东坡在廉州吃了太守张左藏特意送来的这种热带水果，盛赞"质味殊绝可敌荔支"，在夸奖了龙眼"累累似桃李，一一流膏乳。坐疑星陨空，又恐珠还浦"之后，却忍不住"故态复萌"，以诗讽世："蛮荒非汝辱，幸免妃子污。"——沦落到这蛮荒之地，不是你的耻辱，只是为了不受贵妃的玷污。

这不是用龙眼喻人的自况又是什么？

晚年的苏东坡深研佛理，参禅悟道。他到廉州著名的东山寺拜访住持愈上人，殊不知住持已远足云游，只在墙上留下一句诗："闲伴孤云自在飞"。

苏东坡按捺不住吃了"闭门羹"的遗憾，留下了一首诗：

孤云出岫岂求伴，锡杖凌空自要飞。
为问庭松尚西指，不知老奘几时归。

令他没有想到的是，未能与住持切磋佛理，在这荒僻之地，却有缘与一个卖菜老头交流了持戒修行的心得。

一个叫苏佛儿的八十二岁老翁来访，告诉他自己从十二岁就开始斋居修行，无妻无子，兄弟三人都崇道尚佛，大哥九十二岁，二哥九十岁。有人劝苏佛儿"酒肉穿肠过，佛祖心中留"，不必吃素。苏佛儿的回答是："一般人很难持戒，容易甘于流俗，要修行还是坚持吃素好些。"

苏东坡没想到，一个卖菜老头，对修行竟然有这么高的觉悟，不由得把这件轶事记了下来。

人到廉州，海角亭是一定要去的。它是宋朝时为纪念汉朝清廉太守孟尝而建造的亭子，旧址在穿城而过的西门江入海处。

站在高亭之上，眺望苍茫大海，波涛席卷，苏东坡想起自己飘零如转蓬的身世，想起自神宗皇帝开始弄得朝臣对立的变法，想起远在京师御宇的新主，想起河山依旧却物是人非。

他心潮澎湃，挥毫写下四个大字"万里瞻天"，表达了自己公忠体国、狐死首丘的家国情怀。

在廉州流连忘返的苏东坡终于等来了皇帝"安排工作"的诏书，他获授舒州团练副使，永州安置。朋友们纷纷挽留苏东坡"留此过中秋，或至月末乃行"，于是合浦有了与这位著名美食家的缘分。

苏东坡在八月二十九日《留别廉守》的诗中写道：

编荙以苴猪，墐涂以涂之。
小饼如嚼月，中有酥与饴。
悬知合浦人，长诵东坡诗。
好在真一酒，为我醉宗资。

"编荙以苴猪，墐涂以涂之"，这是《礼记》记载的一种叫作"炮"的厨艺，也就是俗称的"烤乳猪"。大家吃着烤乳猪，还有酥糖作馅的圆饼，喝着"真一酒"，朗诵苏东坡的诗词——也许就是那首"但愿人长久，千里共婵娟"，快意人生，其乐陶陶，光阴易逝，今夕何夕，此何时哉，此何时哉！

据专家考证，苏东坡诗里"中有酥与饴"的圆饼，是迄今为止发现的最早的有馅烤饼的记载。

中国人从汉朝起就开始过中秋节，唐宋时有大量中秋赏月的诗词歌赋，苏东坡这首诗，成为中秋节吃月饼的最早记录。

宴饮之后，苏东坡带着儿子苏过，还有那条从海南一直跟着他的爱犬乌嘴，告别了让他洗尽贬谪屈辱的廉州，踏上了北上的归程。

他乘船从南流江溯流而上，沿水路北返，到永州。次年在常州溘然病逝。

（某留此过中秋，或至月末乃行。至北流，作木筏下水，历容、藤至梧，与迈约，令眷家至相会，中子迨，亦至惠矣。却顾舟溯贺江而上，水陆数节，方至永。）

不到两个月的廉州之行，苏东坡留下了十几篇诗文，还留下了众多遗迹："万里瞻天"四个苍劲大字悬挂在海角亭，他汲过水的水井被称为"东坡井"，人们在他住过的清乐轩筑起了"东坡亭"。

合浦人至今仍使用的一种圆顶宽檐草帽，据说就是苏东坡为了让妇女参加社交和外出劳动而专门设计的，这种传说表达着人们对这位始终与人民在一起的诗人的怀念和崇敬。

清朝的廉州知府康基田在其作品中提了一个问题：苏东坡在廉州只待了不到两个月，为什么人们如此怀念他（居廉为时未久，顾何以得此于廉人也）？

康基田说，廉州人用"东坡"命名亭子和水井，说明人们对他是如此敬爱（廉人以东坡名其亭与井，爱公犹是也）。

苏东坡被发落到穷乡僻壤，辗转不定，处境越困顿，态度越豁达，丝毫不计较。所到之处，不管三教还是九流，苏东坡都能与他们打成一片，从来不因为待的时间长或短而改变自己的心态。（窜逐遐荒，转徙靡定，戚之愈穷，处之愈泰，泊然无所芥蒂，所至无问贤愚，感奔走而慕乐之，岂以居游之久暂移易其心哉。）

他不为环境所困的豁达态度，在非常处境下适时顺变、化苦为乐的乐天精神感染了人们，不管遇到怎样的挫折和打击，他始终坚持"立朝大节，謇谔不回"。

他的这种信念和理想，使得"廉人思公慕公，积至数百年之久。盖天地之正气，不容息灭，天理之在人心，无间岁时"。

地处岭南的廉州是古人眼里的烟瘴之地，从汉朝开始一直都是贬谪流放之地。苏东坡作为贬臣，在这里为自己七年的岭南贬谪生涯画上了句号。

廉州给了晚年的苏东坡最大的快乐，他更给廉州留下了绚烂的文采风流。

在廉州"劳教"的宋朝名臣

很多人知道苏东坡到过廉州，在这里呼朋唤友，说佛谈禅，吃过龙眼、烧猪和月饼，留下十来篇诗文。

其实在宋朝，廉州还有两位名人驻足：曾布和陈瓘。曾布是唐宋八大家之一曾巩的弟弟，当过宰相。两个人的人生遭遇拜"王安石变法"所赐，都跌宕起伏，令人唏嘘。

陈瓘的名头似乎没有曾布那么响，但在历史上其"江湖地位"并不低。

大名鼎鼎的《水浒传》有两个章回出现了陈瓘的名字：一处是九十七回"陈瓘谏官升安抚　琼英处女做先锋"，另一处是一百回"张清琼英双建功　陈瓘宋江同奏捷"。

能上正史的人，还未必入得了流行市井的通俗小说，足见历史上陈瓘的影响。

插一句，《水浒传》中与陈瓘相关的故事发生在北宋宣和四年（1122 年）冬天以后，属于"小说家言"，因为他在这一年的二月就去世了。但书里那个仗义执言弹劾蔡京、童贯、高俅陷害忠良的凛然君子，与《宋史》中"排奸扶正"的陈瓘是一个模板。

《宋史》称陈瓘"誉望早达"。他生于北宋嘉祐二年（1057 年），二十二岁就在皇帝主持的殿试中得了第三名，也就是俗称的"探花郎"。

年轻得志的人，仕途往往不会太顺，陈瓘堪称典型。史书称陈瓘"四十二年间，调任凡二十三次，经八省历十九州县"。要是他在现代写简历，绝对要比别人多好几页纸。

《廉州府志》称：陈瓘"崇宁二年移廉州"。但他不是到廉州做官，连贬职都不是，而是"除名勒停送袁州、廉州编管"，用现在的话，就是开除公职，送到廉州来"劳动教养"。

陈瓘进入官场时，已是王安石变法的"下半场"，支持和反对变法的双方几经反复，展开激烈的"拉锯战"。双方都是立场先行，你认为对，我就一定反对；你认为错，我就坚持没错。

双方的"旗手"王安石与司马光，在文坛政坛都享有盛名，麾下各自集合着众多精英。偏偏两个人一个是"拗相公"，一个是"迂叟"，互不相让，两个阵营像坐在跷跷板上一样，双方势头此消彼长，直到他们死后，这场斗争也没有停止。

这场变法的大致脉络是：神宗上台，王安石"新派"得势；神宗一死，年幼的哲宗继位，高太后垂帘，"旧派"得势；高太后病逝，哲宗亲政，"新派"卷土重来；哲宗死后，"新派"新"旗手"章惇在徽宗接班问题上站错队，"新派"再次受挫。

偌大的大宋朝廷，变成了一个大沙滩，众多官员的命运随着潮涨潮落，在摇摆不定的时局中，像漂流瓶一样随波逐流，起起落落。

与廉州"结缘"的三个人，苏东坡、陈瓘、曾布无一不如是。

陈瓘实在不喜欢"立场先行"，放弃了许多飞黄腾达的机会。绍圣元年（1094年）哲宗亲政，章惇奉召回京任宰相，陈瓘和一群人送行。

名声在外的陈瓘如鹤立鸡群，被章惇一眼瞅到，把他单独叫上车，一路同行回到京师。

章惇想把陈瓘招到麾下，为自己所用。章惇主动开声："我这次回京，千头万绪，还望先生给些建议。"

陈瓘问："我打个比方吧，眼下国家的情形就像坐在一只小船上，重心歪到哪一边都会翻船。不知道你回到京师之后，想先做什么？"

章惇说："司马光这样的奸邪之徒，得先予惩办，没有比这个更急的事了。"

陈瓘直言不讳："这样做就错了，这等于想要船平稳却坐歪了屁股，重心偏向一边。真要这样做，天下人都会对你失望的。"

章惇气不打一处来："司马光不按规矩做事，把王安石建立的制度全盘推翻，如此误国，不是奸邪是什么？"

面对候任宰相，陈瓘丝毫也不露怯："不了解别人的用心，就怀疑别人的行为，这怎么行！空口无凭说别人是奸邪，把一切又颠倒过来，这样做只会给国家带来更大的危害。"

陈瓘补充了一句："现在要做的，就是不以人划线，秉持中道，才能纠正弊端。"

（瓘曰："不察其心……若指为奸邪，又复改作，则误国益甚矣。为今之计，唯消朋党，持中道，庶可以救弊。"）

陈瓘并不是头一回这样"不识抬举"。

元祐四年（1089年），陈瓘还在越州任通判时，顶头上司越州太守就是蔡京的胞弟、时任宰相王安石的女婿蔡卞。

蔡卞有意拉拢陈瓘，经常对他表示亲近，而陈瓘觉得对方心术不正，能躲就躲。

陈瓘被发落到廉州，也是因为得罪权臣。被"劳教"前一年——崇宁元年（1102年），负责起草碑志、祝文、祭文的陈瓘获提拔为右司马员外郎权给事中，大约相当于"国务院办公厅的司长代理助理"。

给事中是个"官小权大"的职位。后世的朱元璋废除丞相制度后，对六部（吏、户、礼、兵、刑、工）实行"扁平化"领导，并设立"六科"专事弹劾监察，有点像派驻六部的纪检组。"六科"的官员就叫给事中，负责人叫"都给事中"，职位分为正七品和从七品。

蔡京一派的曾布任宰相后，派手下找到陈瓘，转告他打算给他去掉那个"权（代理）"字，一步到位。

陈瓘装糊涂，跟对方打哈哈。他回到家对儿子说："我与曾宰相三观不同，他们用官位来钓我，我要是接受了，就跟他们一个样了。"

他从桌上抽出一封信笺，呵呵一笑："我这里有一道奏章，就是弹劾他们的，正准备送上去呢。"

陈瓘没答应，曾布却不死心，派人请陈瓘见面。陈瓘明人不做暗事，坐下后就把那道奏章拿出来，给曾布过目。

曾布一看，怒不可遏，两人大吵起来。曾布伸开两腿，坐得像个簸箕一样——箕踞是非常无礼的举动，连粗话也从他嘴里蹦出来了（争辩移时，至箕踞诟语）。

陈瓘脸色平和，慢慢站起身："我跟你争的是国家的事，对与不对都有公论，你这么激动干什么（适所论者国事，是非有公议，公未可失待士礼）？"

曾布满脸通红，只好道歉。

《宋史》评价陈瓘"刚方似狄仁杰，明道似韩愈"。他给人的印象好像一张唱碟：A面的陈瓘"性闲雅，与物无竞"，一副"无可无不可"的样子；B面的陈瓘在朝堂之上，仗义执言，疾言厉声，宁折不弯，他丝毫不讲什么人情世故，被他弹劾的蔡京、蔡卞、章惇都是他的福建同乡。

陈瓘有个别号"了斋先生"。这个名字就源于他的廉州"劳教生涯"。他在流放地廉州，将自己的住处命名为"了斋"，每天著书立说，写诗填词，专修禅定，并写出了代表作之一《合浦尊尧集》，还留下了一批诗歌。

"了斋"像陈瓘的一个谶语。史书记载，一天夜里，一颗大星陨落在了斋前，照得跟白天一样明亮，第二天他就接到召还的圣旨。

但人事不敌天意，在蔡京一党变本加厉地迫害下，陈瓘去世前十来年，备尝颠沛流离之苦。

他像一只皮球被踢来踢去，一贬再贬，先到了袁州、台州、通州（江苏南通），最后移居江苏楚州，中途经过庐山时定居下来。他跟家人说："我以往经历各种患难，害怕的不过一死，现在连生死也置之度外了。"他不久之后去世，活了六十五岁。

陈瓘在廉州的了斋早已杳无踪迹。明成化年间，廉州知府刘烜曾在了斋的故址建祠纪念。到了嘉靖年间，知府韩鸾重修了斋，但年深日久，它也早已泯灭在历史的风刀霜剑中了。

岳飞儿子在钦州遭遇的"外交纠纷"

宋朝给人的感觉属于"太平之朝",元朝人也说:"自景德(宋真宗年号)以来,四方无事,百姓康乐,户口蕃庶,田野日辟。"

但大宋南方的边患一直没有平静。廉州与交趾交界,朝廷先后设立廉州府、廉州合浦郡和太平军,与藩属国交趾接壤的钦州,边境战事不断,与交趾的仗时停时打,时打时停,停了又打,不打不停。

据《廉州府志》不完全记载,在廉州边境与交趾发生过战事的时间,就有宋太宗太平兴国五年(980年)、至道元年(995年),宋仁宗嘉祐四年(1059年),宋神宗熙宁八年(1075年)。

宋朝与交趾最有名的一仗,发生在宋神宗在位时。熙宁八年(1075年),八万交趾兵突袭邕州、钦州、廉州,邕州在坚守四十二天后城破,知州苏缄全家三十六人死难,全城五万多人被赶进邕江淹死,八万多妇女被掳。

宋神宗派大将郭逵领兵三十万反击,重创交趾军,收复邕州、廉州、钦州,攻入交趾境内后,撤退诱敌,使出"回马枪"卷杀,交趾兵尸横遍野,富良江断流三日,交趾太子李洪真被杀,国王李乾德签订城下之盟。

这一仗换来数十年和平。但大宋朝乾夕惕,不敢稍有松懈,任职钦州最高长官的不少都是武人。

诗人曾巩起草的《温皓知钦州敕》中提出,钦州"州有兵民之寄,而地在疆场之间,则当择用材武之人,属之守御之任"。

南宋淳熙三年(1176年),抗金名将岳飞的儿子岳霖被任命为钦州知州。

岳飞有五个儿子:岳云、岳雷、岳霖、岳震、岳霆。大子岳云与父亲一起被冤杀,次子岳雷被流放而死,三子岳霖在岳飞被高宗赐死时只有十二岁。

岳飞平反后,岳霖作为冤案家属,获得起用。他担任钦州知州时,大宋与交趾正处于和平相处时期,交趾每年都向大宋进贡,进贡之路必经廉州。

朝贡外交,是天朝上国"和为贵"的睦邻友好政策的体现。大宋作为受贡的宗主国,对藩属国极为客气和大方,封赏远比进贡多得多。每次使团成员"上山打猎——见者有份",每个人都能获得一份厚礼。

藩属国万邦来朝,纷纷遣使进贡。因受到皇帝的垂青,使者常常反客为主,傲气十足,不把地方官放在眼里。而地方官则忌惮使者见到皇帝时给自己"上眼药",都是能忍则忍,让他们吃好住好,服侍好他们,尽量不得罪他们。

交趾使者没有想到,这一回进贡,在钦州却撞了板。

交趾使者住在钦州官办的驿舍,晚上一大群人喝得胡天胡地,发起酒疯,驿舍工作人员上前劝阻,他们却愈发来劲,把驿舍的家具什物打得稀巴烂。

岳霖很快就接到报告。他不事张扬，取来一柄装在鞘里的利剑，派人送去交给使团的领队，同时捎去了狠话："如果不修好损坏的东西就敢走，信不信把你们宰了！"

世界上有一千种教训，一万种教训，最根本的只有一个：好汉不吃眼前亏。交趾使者乖乖地把桌椅门窗修好，才敢离开。

（淳熙三年知钦州，交趾入贡，使者肆毁驿舍，霖封剑示其都监曰："若不葺而行，当以军法相待！"

交人畏之，缮而后行。）

岳霖任职钦州时除了"武备"，还留下了"文功"：重修了州学，使这个培育人才的地方一改原来的逼仄阴湿，教室变得宽敞整齐，还配套建了祭祀孔子等先贤的设施。

岳霖在钦州时，著名的文人周去非——写《岭外代答》那位——在他手下担任"教育局局长"（教授）。周去非鼎力支持岳霖的兴学之举，还出面请文人张栻专门作文记录这件事。

张家与岳家是世交，张栻是岳飞抗金的战友、名将张浚的儿子。他在《钦州学记》中激赏岳霖的善举，认为此举能让当地有潜质的学子耳濡目染，"明人伦之教、圣人之言行"，培养心志，育成人才。

在钦州当了两年知州，岳霖回京向宋孝宗述职，路过灵山县时，百感交集，写了一首诗《过灵山述怀》：

折腰为米本忧贫，流落天南瘴海滨。
千里云山空别怅，十年萍梗可伤神。

扪膺但觉丹心壮，览镜那堪白发新。

归去恩深知感激，只惭无德愧斯民。

全诗几乎不用典故，直抒胸臆，感慨边地为官的艰苦，丹心犹在，只是岁月不饶人，心有余而力不足，未能在这天南瘴海救苦拔难、造福百姓，深感愧疚，流露出忠良之后对历史和人民的敬畏。

岳霖从钦州回京后，在宋宁宗庆元四年（1198年），被任命为"广州市市长兼广东军区司令"（广州知州兼广东经略安抚使）。他多方搜集父亲的遗事，整理出岳飞传记的初稿，后来由他的儿子岳珂完成，让后人通过传记了解了岳飞冤案的真相。

杨铁枪写诗吓坏交趾使者

南宋高宗时，钦州知州杨友在天涯亭举办宴会，招待来访的交趾使者。

主客酒过数巡，交趾使者大概喝得有点"高"，作为客人，说话却变得不怎么"客气"了。他声称交趾与宋朝的国界划得不对，海边一些盐场应属于交趾。

交趾与宋朝争夺盐利，是"冰冻三尺，非一日之寒"。杨友的前任为此还差点与交趾兵戎相见。

杨友上任后主张以和为贵，主动派使者前往交趾释放睦邻友好的善意，交趾使者就是来回访的。

宋朝时岭南与交趾交界的钦州和邕州有一种外交方式，叫"界首交割"，就是双方的地方机构通过使者往来，当面交涉、解决相关涉外事务。杨友设宴天涯亭，就属于标准的"界首交割"外事活动。

宋朝与交趾"剪不断，理还乱"的关系始于北宋立国之时。宋太祖赵匡胤派大将潘美灭掉盘踞两广和海南的南汉小朝廷，却在与交趾的边界处戛然止兵。

宋朝立国后，交趾就成了南方的边患。有时是彼此间的纠纷，有时是因为交趾内部政权的更迭，两国的关系像"打摆子"一样，忽冷忽热。

两国交好时，"商夸合浦珠胎贱，民乐占城稻谷丰"（北宋陶弼《三山亭》），宋朝合浦的珍珠与交趾占城（今越南中部）的大米贸易互通，皆大欢喜；闹翻时则是"去岁同登画角城，诸蛮未灭夜论兵"（陶弼《郁林鼓角楼》），兵戎相见，分外眼红。

在杨友宴请交趾使者之前，宋朝与交趾的关系正处于最微妙的时期。北宋熙宁八年（1075年），交趾发兵攻克钦州、廉州和邕州，邕州知州张缄全家三十六口自焚而亡，五万多人被赶进邕江淹死，八万多妇女被掳走。北宋随后派大军反击，很快就收复三州并攻入交趾境内，俘虏了交趾太子李洪真，交趾国王李乾德投降。

也许是和平日久，双方的关系又开始像慢火烧开水，蹦起升温的水泡，各种摩擦增多。

宋朝偃武修文，和合天下，对交趾努力维持着封贡关系。知州杨友之所以遣使出访，就是为了管控分歧，备边通好，但他本人并不惧怕打仗。

宋朝设武举，但没有和进士挂钩，不设武进士，中举后即可授官。杨友是福建晋江人，善使长枪，参加政和二年（1112年）的武举考试得了第一名，几番辗转，担任了钦州知州。

听到交趾使者的狂言，杨友气不打一处来。他吆喝一声，一个侍从便托着他的长枪进来。

杨友端坐主位，取过铁枪，一下子戳到地上，铁枪深深地扎进坚硬的地板，纹丝不动。"如果你要重新划界，咱们只好先打一架！"他对交趾使者说。

旁边有人赶忙岔开话头，举杯相劝，宴会总算在友好的

气氛中结束。杨友叫人取来笔墨，挥毫写下一首诗，把诗送给了交趾使者。

交趾使者接过来，轻声念着，念到最后两句"可怜鳞细闲惊跃，误把新蟾作钓钩"时，脸上的表情似哭似笑。

诗的意思一目了然：交趾就像贪食的小鱼惊跳出水，把天上的月亮当成了鱼钩。交趾使者悻悻然与杨友道别离开。

杨友从此得了一个外号："杨铁枪"。

（友至，遣使通好，宴交趾使于天涯亭。

交使语欲争地界。友植枪于亭曰：若欲地界，请麾战。

临别作诗。其末章云：可怜鳞细闲惊跃，误把新蟾作钓钩。

交使叹诵，惕息而退，奸谋遂寝。

郡人呼为杨铁枪云。）

钦州当时是小州，这件事传开后，被认为捍卫了大宋尊严的杨友，不久就被提拔为廉州知州。《廉州府志》载，他后来调任到刚由越州升格的绍兴府。

史书中没有太多杨友在廉州的记录，只有一件事：当时朝廷要求廉州采珠纳贡，导致经常有人溺死。杨友到其他地方购买珍珠作为贡品（友市于他州以充贡秘得），大家都感恩他的恤民之心。

他抚养了三个长兄的孩子，人们都称赞他有情有义。

民间传说，唐朝李白曾经"草书退番使"。相比之下，杨友"文武兼施"与交趾使者 PK，似乎更靠谱一些。

作为边地任官，杨友保境安民、不让寸土的故事，虽然不无演义色彩，但却极符合人们对外交事务的心理期待。

吕祖泰硬气斗权臣

阿Q说"我祖上比你阔多了"，合浦人或廉州人也可以这样说，不仅合浦郡土地比现在"阔"多了，廉州也比现在"阔"。

宋朝的吕祖泰曾被发配到旧属廉州、现在北海"隔篱村"（隔壁）的钦州"劳动教养"（编管）。他本人故事多，他祖宗的故事更多。

吕祖泰的太祖父叫吕夷简，是宋朝的名相，能力强，人品好，绝对的"领导干部学习的好榜样"，辅佐宋真宗、宋仁宗两任皇帝，为大宋做出了不可磨灭的贡献。

特别是宋真宗宾天之后，吕夷简帮着智商有限偏偏又刚愎自用的刘太后，在助少年天子宋仁宗重振朝纲时起了关键作用，称得上是劳苦功高。宋史称"天下晏然，夷简之力为多"。

读历史有点像在木桶里抓螃蟹，抓住一只带起一串。

吕祖泰还有一位几乎家喻户晓的先人——吕蒙正。民间有俗语叫"衰过吕蒙正""穷过吕蒙正"，我小时候也从祖母嘴里听过他的传说。

吕蒙正是民间"万般皆下品，唯有读书高"的励志典型。还是一个穷秀才的他，在富家小姐择亲时"鸿运当头"，被绣球掷中，小姐口吞秤砣——铁了心跟他好，被赶出家门，两人在一口破窑栖身。吕蒙正在爱情的激励下，发奋读书高中状元，谱写了一曲"寒窑学子争气歌"。

说到吕蒙正，不妨多说几句，因为他为人处世堪称表率。他有若干件非常、十分、特别精彩的轶事：

故事一：他被任命为"国务委员"（参知政事）后头一天上朝，正在大殿上踌躇踱步，听到有人在议论他，他却悄悄走开了。与他要好的同僚要追查是谁在背后嚼舌头，被他劝止，还说了一句足以警世的话："要是知道了是谁，就会终身不能忘记，还是不知道为好。"

故事二：有一年正月十五，宋太宗大宴群臣，君臣都喝"嗨"了，宋太宗"自我表扬"了一番，众臣报以热烈掌声。吕蒙正却对宋太宗说："陛下到哪里都有一堆人围着，见到的都是欢乐祥和，但我前不久却看到城外不出数里就有不少因饥寒而死的人，跟城里比完全是另一个样子。希望陛下眼睛看远点，那才是百姓的福分。"一席话差点没把宋太宗噎死。

故事三：吕蒙正有一位同僚是个古镜收藏爱好者，声称自己有一面能照二百里的镜子要送给吕蒙正。吕蒙正说："我的脸只有碟子般大，哪里用得到能照二百里的镜子？"

说吕祖泰，扯了他六世祖这么多事，因为现在基因学流行，不知道吕祖泰是否传承了祖宗的基因。

吕祖泰是吕蒙正的第六代后人、吕夷简的五世孙。因为他没参加科举考试，所以没有功名，但毕竟出身名门，加上叔伯兄弟好几位在朝里当官，还是有些社会影响力的。

当时南宋第三位皇帝宋光宗逊位，大臣赵汝愚和皇亲国戚韩侂胄联手将太子赵扩推上皇位成为宋宁宗。但两人很快就为争权翻了脸，韩侂胄胜出，从此成为执掌大权二十多年的权臣。

朋友翻脸成仇人，比对本就敌对的人还仇恨百倍。韩侂胄对赵汝愚深恶痛绝，当时理学盛行，朱熹成为领袖，与赵汝愚同气相求，韩侂胄将理学斥为"伪学"，将这班整天沉浸在天理人欲"形而上学"争论中的"理论家"贬逐流放。

吕祖泰的兄长吕祖俭站出来为他们辩解，宋宁宗认为这是"搞团团伙伙"（结朋党），欺蒙自己，将吕祖俭贬放到广东韶州。

大哥被"盘"，惹恼了老弟。吕祖泰发下毒誓："我虽没有职位，但按道义一定要用进谏来报答国家（我虽无位，义必以言报国）。"

但他担心连累已经遭贬的大哥，便隐忍不发。直到一年多后吕祖俭在发落地去世，正好遇到大臣兼名儒周必大被贬官，吕祖泰揣着"上访信"，跑到接受"群众来信来访"的登闻院撞响大鼓。

"上访信"内容大致如下：自古以来，没有理论不能立国，赵汝愚劳苦功高。现在借"伪学"来整他，弄一个"赵党"清除异己，这是在挖国家的墙脚，皇上您怎么这么糊涂！

他点了一堆人的名字：宰相陈自强当过韩侂胄的老师，就"坐上了直升机"，学富五车的彭龟年到哪里去了？苏师旦只是抄抄写写的"工勤人员"，"走夜路"当了一方诸侯。周筠是韩家的仆人，靠裙带当上大官，皇后真的有这种亲戚吗？韩侂胄这种货色自以为了不起，从来就不把国家当一回事。

吕祖泰最后提出：请皇上将韩侂胄、苏师旦、周筠的脑袋砍了，撵走陈自强，将周必大用起来，要是不这样做，国家就完了。

这封"上访信"把朝廷内外炸得目瞪口呆（书出，中外大骇）。

吕祖泰求仁得仁，被打了一百大板后，发配钦州"劳动教养"。

吕祖泰被押解到钦州后，知州"接见"了他，跟他说："是谁让你这样做，告诉我，我会好好待你的（此举当有导汝者，试幸言之，吾且署汝）。"

吕祖泰呵呵一笑："你怎么问这种蠢话。我是想死的人，还会听谁的话，让别人戳脊梁呢？"

知州气得发昏："你失心疯了吗（汝病风丧心耶）？"

吕祖泰说："那些抱韩侂胄大腿得了肥缺的才是失心疯（今之附韩氏得美官者，乃病风丧心耳）。"

这么硬气，吕祖泰竟然没有掉脑袋，而得以善终。韩侂胄被处死后，他获得平反，定了个"副县级秘书"（迪功郎），负责南岳庙的管理，后来因伤寒去世。

韩侂胄与赵汝愚的争斗，谁对谁错不好评说。韩侂胄是宋朝的主战派，为岳飞平反，与陆游、辛弃疾同声相应，但因为擅政弄权，被视为权臣，甚至被划入了"奸臣榜"。

抛开是非曲直，吕祖泰的视死如归，留下了一代耿介文人的令名清誉。

九旬张夔传给儿子的"为官秘笈"

　　宋政和年间,岭南高州茂名知县张夔遇到了一件烦恼事:城里四处传播他收受贿赂的谣言。

　　如果他真的受贿了,也许还不至于这么郁闷。对于视名誉如生命的张夔来说,这等于被人兜头淋了一桶大粪。

　　张夔知道谣言的出处。前段时间他办理了一件富豪的违法案件,当时他身边的一个手下收受了富豪的厚礼,竟跑来帮富豪说情。他十分恼火,裁定对富豪给予惩处,同时把说情的手下给开除了。案件报到高州复勘,却一直没得到批复,谣言就在这个时候传播开来。

　　高州太守怀疑富豪是不是蒙受了冤屈,派人找到张夔那个被除名的手下仔细审问。

　　张夔闯进高州署,将一摞卷宗丢到了太守面前,把大印搁在上面:"既然不相信我,我不干了!"

　　这一下弄得太守心里直咯噔。他仔细翻阅了卷宗,弄清真相,批复了惩处富豪,同时对张夔一番劝慰,让他把大印收起来。

　　这事记载在《高州府志》中。张夔"抱牍诣州自辩",最后得以复职。

　　这件事传开后,张夔成了"公众人物"。朝廷征求意见推荐干部时，他被多个部门评为南方各知县第一。高宗颁发诏书给予嘉奖，并提拔他当了廉州通判——相当于太守的副职。

宋朝凡任官必经科举考试。张夔年逾五旬才考中进士，当茂名知县时年纪已经老大不小。

在那之前，他是潮州地区颇有名气的文士，对礼教特别有心得，熟悉成人、结婚、丧葬、祭祀等礼仪的规矩，言行举止讲究礼数，人们把他和另外几位文人称为"潮州七贤"。

通判是太守的副职，同时还有监察地方官的职责，有点像现在的纪委书记。张夔任通判时言行十分检点。

宋朝时廉州的外贸很活跃，沉香、生金都是易得之物。以往官员离任都大包小包带着这两种土特产回家，但张夔分毫不取。

（通判廉州。廉产沉香、生金，官此者皆囊括以归。夔至，先誓告于神，秋毫无所取。）

历朝历代贪官多，所以社会上对官员"降格以求"，把清廉当成了最根本甚至唯一的标准，忘记了好官不仅要"廉"，还要"能"，"当官不为民做主，不如回家卖红薯"。

张夔是既廉又能。在廉州时，"山寇窃发，属夔督捕"，接受剿匪任务后，他攻心为上，晓以利害，发布告示：只要山匪们回家种地，既往不咎。

不到十天，占山为王的山寇"皆投戈散去"，放下武器散了伙。

因为在廉州政绩突出，张夔被提拔为新州（今广东境）太守。他在新州着力兴学，建设学校，捐出自己的工资刻印四书五经送给寒门子弟。

他在新州还搞了一项很大的水利工程，修建了一座可以灌溉一千多顷土地的水库，当地人称为"张侯陂"。

"郡县治，天下安"，如此"德能勤廉绩"突出的地方官，自然是朝廷最器重和需要的人才。高宗看到张夔的事迹后，情不自禁地在宫殿的屏风上挥笔写下"南有张夔，北有周昕，朕无忧矣"的文字，后来还题写了"名著南天"，制成匾额赐予张夔。

远在宋朝的张夔，其事迹并没有随着岁月而湮灭，这应该与他的高寿也有关系。

政和八年（1118年）他五十岁时考中进士，七十岁退休，绍兴三十一年（1161年）逝世。在"人生七十古来稀"的古代，他竟然活到了九十三岁。

张夔把自己的清廉作风传给了儿子张昌裔，他曾写诗告诫儿子："慎勿与人交水火，好尊名节重丘山。"意思是做人应"君子之交淡如水"，名声和节操就像山一样，就算借水借火这种"湿湿碎"（细微）的事也不要有。

张昌裔于宣和六年（1124年）考取进士，也当了通判，先在容州，后调琼州。史书称他"谨饬"，"不替父风"，为人严谨自律，跟张夔就像一个模子倒出来的。

他曾争取廉州自己出题"高考"

广西钦州、廉州同为边鄙之地。钦州有个"天涯亭"，廉州有个"海角亭"，在古人眼里，"天涯海角"并不是海南那个"鹿回头"，而是钦州和廉州。

但即使是边地边民，也是不宜成为"化外之地""治外之民"的。因此，地方官最重要的职责就是"教化百姓"，而教化的重中之重就是兴办教育、培育人才。

有没有培育出人才，标准就是科举中榜者多寡。

苏东坡在海南开坛讲学，言传身教。据说在他到海南之前，这个孤悬海外的海岛没有一个人科举及第，海南的第一个举人、第一个进士都是他的学生。因此，有史书称"琼州人文之盛，实自公启之"。

宋朝廉州也有一位地方官，像苏东坡一样，为当地"科举出人才"做出了重大贡献。他叫沈杞，南宋绍熙年间担任廉州知州。到任不久，他了解到廉州没有科举考场，考生每年都要到雷州赶考。

古代的"高考"（科举）制度始于隋朝，唐宋元明清各朝选拔人才的标准不一样，考试的方式、内容也不尽相同。

宋朝的科举分解试、省试和殿试三级。解试八月在各州举行（又叫"秋闱"），只有通过解试的人，才能参加翌年二月在京城举行的省试（又叫"春闱"）和皇帝亲自主持的殿试。

许多人都知道宋朝"不杀文士"，是一个文人得宠的朝代。宋朝对文人的尊重和照顾属于"系统性"的。

以"高考"为例，京师以外的考生参加科举考试，朝廷会发放"考生证"（入场券），考生赶考途中吃住免费，对于边远地区的考生还会给予补贴。

廉州不设解试的考场，考生要到雷州赶考。历史上常常"雷廉"并提，雷州与廉州虽属相邻，但在既无高速公路又无轮船的古代，走起来距离并不短，考生赶考称得上是千辛万苦，路途艰险。

北宋元符三年（1100年）六月，苏东坡从海南"量移"廉州，他六月二十日渡海回到大陆，六月三十日离开雷州官寨前往廉州，七月四日才抵达，仅从雷州官寨到廉州就走了整整五天。

因为要乘船走海路，苏东坡从雷州到廉州时还被困在海上，他叹息自己会不会命丧于此。

相比之下，廉州的考生却是一年一度，年年赶考，固然怀抱身登龙门、报效国家的理想，却不得不为过"鬼门关"而担惊受怕。

沈杞了解情况后，给光宗皇帝上了一封奏折，汇报了廉州考生每年到雷州赶考，既路途遥远，又不安全，"涉海而往，屡有风涛之患"的情况，请求在廉州设立考场，由州里出题考试。

设考场自考涉及一笔不小的开支。沈杞提出，无须朝廷拨付专款，由本州在税赋中加征即可。至于考试的试题和监考等事宜，一律报送"文教部国家干部学院"（礼部国子监）审核。

光宗皇帝欣然批准了沈杞的请示。

自设"高考"考场，这对廉州的读书人是莫大的鼓舞。廉州因此进入了人才辈出的阶段。

（时本州科举附雷州，杞悯士子远涉鲸波，奏请自置科场，诏从之。

由是士益奋志得人为盛。后立祠于学宫像而祀之。）

清嘉庆年间，有个叫徐松的地理学家，利用担任翰林院编修的机会，从皇皇大观的《永乐大典》中，选辑编了一本《宋会要辑稿》，沈杞做的这件事就被收录在这本书里，让后人知道这位宋朝的廉州知州办过这样一件功德无量的事。

在这本书的"方域"一章中，还记录了沈杞任廉州知州时的另一桩德政。

廉州每年夏秋季节，经常受到台风袭击，官厅民舍损坏，地方人力财力有限，难以有效抗灾，及时恢复生产生活秩序。

沈杞请示朝廷，由驻廉州的部队储备物料，凡遭遇台风，官兵负责及时予以修复，避免救灾不力影响民生。光宗皇帝采纳了他的建议。

历乘浩如烟海，宋朝又太过遥远，《廉州府志》中没有这两件事的记载，甚至连沈杞的名字也没有。

我在一本《中华沈氏进士录》的"野书"中查到，沈杞是江苏常州人，绍兴二十四年（1154年）与南宋著名豪放派诗人张孝祥同榜考取进士。

这一榜堪称南宋的"龙虎榜"，与沈杞一起考中进士的还有历史名人范成大、杨万里、虞允文。相比之下，沈杞算是最为寂寂无闻的一个。

《左传》说："太上有立德，其次有立功，其次有立言。虽久不废，此之谓不朽。"其实从"不朽"的角度，"立德立功"似乎都比不上"立言"。比如绝大多数人因诗或词，知道范成大、杨万里、张孝祥，却没有几个人知道沈杞——起码在读到我这篇文章之前是这样。

但我想，沈杞要是知道千年以后有人为他写这篇文章，也应该感到欣慰吧。虽然他为官廉州造福苍生时，未必想过自己要青史留名。

一桩具有深远历史意义的走私案

明洪武二十六年（1393 年），廉州府管辖的钦州发生了一起特别的案子：一个叫林佛祖的治安官带人巡逻时，在海边发现了几个走私者。

这些走私者被盘问时并不害怕，为首者一副无所谓的态度，声称他的父亲姓胡名全，是钦州百户所的头。

明朝"寓兵于农，守屯结合"，设立卫所兵制。百户是级别很低的小军官，手下一百二十名士兵，人虽不多，但百户属于世袭，为正六品，比七品知县还大两级。

"有枪就是草头王。"想象得到，一个世代相传、手下有上百人马的"武装团伙"头目，在一个州县，真的不是地方官敢小觑的。

胡全之子与家人走私的是当时最走俏的胡椒，一共十八扎。

胡椒在唐宋时期是一种奢侈品，唐朝大臣元载被抄家时，曾搜出九百石胡椒。到了明朝，这种舶来品"飞入寻常百姓家"，成了普通的日用之物。

使用的普遍性使得胡椒像食盐一样，成了朝廷的生财之道，搞起了垄断经营。

朱元璋底定天下，在元朝时与中国贸易往来就十分密切的暹罗、占城、三佛齐、琉球、爪哇等藩属国，很快恢复了朝贡贸易，用胡椒等与中国交换丝绸、瓷器和茶叶。

垄断经营的结果不外两个，一是寻租，二是走私。获利最大的从来不是小鱼小虾的寻常人等。

胡全之子的走私，只是当时官场腐败的一个缩影。

林佛祖逮住人后，飞马报信，随后连人带货押往钦州州署。

钦州知州大名何叔川，浙江丽水人。听说逮住一伙走私者，就在衙门等待自己的下属。这时候，百户胡全一个叫杨春的手下匆匆赶来，拿出十八锭银子，让何叔川把人放了。

明晃晃的一堆银子，竟然没能闪瞎何叔川的眼睛，他一口回绝了杨春的求情，吩咐把胡全儿子等一干人犯套上枷锁，派人押往都察院下辖的广东按察司。

这个案子最后报到了朱元璋处，他下令将涉案者斩首并抄家。

朱元璋对何叔川的拒贿行为十分欣赏，他没有将抄到的财产收归国库，而是全部赏给了何叔川。

显然，在他眼里，一个忠于职责的廉洁官员，根本不是什么金银财宝所能抵得上的。

翌年正月，朱元璋颁布了一道命令："禁民间用番香番货……敢有私与诸番互市者，必置之重法。凡番香番货，皆不许贩鬻。其见有者，限以三月销尽。"

这位穷苦农民出身的开国皇帝，陷入了"一亩三分地"的封闭思维，洋货成了他眼里导致人们荡检逾闲的恶物。

朱元璋的海禁，直接原因是杜绝番货走私。但他既想不到、更不可能检讨的是,禁令越严厉,走私越猖獗,大道不行,旁逸斜出,日后演变成了明火执仗、拥有艨艟巨舟的倭寇。

正如万历年间一位叫谢杰的官员所总结的:"寇与商同是人,市通则寇转为商,市禁则商转为寇;始之禁,禁商;后之禁,禁寇,禁之愈严而寇愈盛。"

朱元璋对农民、农村和农业的深刻体会,本是一件好事,却使他掉进了认知的黑洞,对商业贸易有一种本能的排拒。海外贸易日趋式微,官府税收逐渐萎缩,维持政权运转的出路,只能依赖于对农民日渐加剧的剥夺。终于,到了明末,处处薪柴,危机四伏,农民暴动如洪水般吞噬了这个"重农抑商"的王朝。

一起灵蛇帮助侦破的"无头案"

合浦的石康镇，原先叫石康县，明成化年间才并入合浦。北宋苏东坡从海南获得大赦回到廉州府时，他的老朋友、同为欧阳修门生的欧阳晦夫还曾在石康当过知县。

明永乐年间，石康县出过一个进士，姓沈名福。

沈福读书很厉害，参加科举考试，在省里的乡试和礼部的会试中，他的成绩都排名第十，永乐十三年（1415年）中了进士。

进士进士，进了就成"士"。永乐十六年（1418年），沈福当了江西道监察御史。

各"道"——相当于"华南、华北、东北"各区——的监察御史由中央都察司派任，每道少的四五名，多的十名八名，级别不高，跟知县一样，只是个七品官，但权力极大，"代天巡狩，纠察百官"，所以过去有句话，"御史出巡，地动山摇"。

官场中的逻辑是"官大一级压死人"，而御史的"权"与"级"分离，所以历史上不时演绎御史把高官拉下马的故事。说起来并不算什么，他们的"权"本来就大。

不过，能这样做的御史并不会太多，毕竟检举和弹劾都是得罪人的事。

清朝的林则徐有两句诗："苟利国家生死以，岂因祸福避趋之。"虽然沈福对林则徐来说是先人，但是他显然跟林则徐一样，心里想的也只是忠于职责，不避利害。

朱元璋当上皇帝后，藩属国交趾的陈氏皇帝被胡氏篡位，作为宗主国的大明发兵帮助陈氏夺回皇位，应复辟的陈氏要求，明朝在交趾设立布政使司，划分府、州、县进行管理。

明朝派任交趾的一位右布政使，名叫戚逊，他胡作非为，利用职务之便，指使府县的官员役使民众给自己制造游船，还买当地的女子到船上寻欢作乐（逊督事郡县，役民造船，买女子载以自随）。

不作不死，如此张扬，虽天高皇帝远，但戚逊的种种行状仍传到了沈福耳里。他查明实情，报告了刚登基的宣宗皇帝朱瞻基，戚逊被开除公职，卷包袱回了老家。

这戚逊还有下文。朱瞻基不久实行大赦，"组织人事部"（吏部）把他列入恢复职务的名单报上去。朱瞻基作了批示：他的罪可以赦免，但这种贪赃之徒，怎么能恢复职务主政一方（罪虽赦，前赃秽之人，岂可复居方面）。戚逊这下算是彻底凉了。

身为七品官，把从二品的右布政使给拉下马，沈福的确不畏权势。

在御史任上，沈福还做了另一件事：朱瞻基继位不久，山西大旱，从宣德二年（1427 年）九月到翌年三月，整整七个月滴雨未下，地里的庄稼全部枯死，人们四处逃荒，光是逃到河南的就有十多万人。

朱瞻基获悉这些情况，都是御史沈福报告的，地方官居然没有一字禀报。看来下官的"机会主义"任何时候都在所难免，专制社会"金字塔"式的体制下，下情上达得有"直通车"才行，不然皇帝就会变成"睁眼瞎"。

沈福建议，皇帝下令布政司、按察司责成各府、州、县官员马上采取措施，安抚百姓，让他们回到原籍。老实说，这个建议实在没有什么可操作性。

但无论如何，沈福还是让皇帝知悉了此事。作为皇帝，朱瞻基毕竟站得高一些，他叫来户部尚书夏原吉，作出重要指示："山西旱成这个样子，这么多人流亡到河南，怎么可能一下子让他们回来！我前次已下令开仓赈灾，你再通知相关府、州、县，官仓不足的，让富户贷钱贷粮，千万不能让饥民失望。"

除苦拔难，救人水火，这是功德无量的善事。也许正因沈福做的这些好事，民间便把一些灵异事也"加"到他身上。

当时的御史到各地巡察，除了发现报告问题，还可以直接办案解决问题。

有一年，沈福到陕西巡按（检查），了解到一起凶杀案：一个布商被人杀害后，赃物被丢进一口池塘里，因为找不到赃物，凶手一直喊冤。

有一天沈福坐堂正在审案，一条蛇忽然蹿进公厅，昂头冲着他，像是在喊冤。沈福说："蛇告诉我了。"

沈福派人跟着蛇出门，到了发现尸体的池塘处，蛇没入水中，人跟着蛇跳进塘里，找到了沉在塘底的一个钱袋。起获了赃物，凶手只好乖乖认罪。

（一蛇至院，昂首若诉状，福曰：蛇告我矣。令人随蛇

所之，入池中探之得赃……）

"蛇入公厅"这样的事也许真有，但大半作了演义，就像清廉公正的包公，人们把许多事堆到他身上，只是因为对现实不满而表达某种寄托。

沈福后来担任了交趾按察使，一位叫陈琏的同僚写诗祝他"愿敷德化遍炎方"。他不负所望，在交趾为官政声斐然。从交趾到京师任职的人，说起他来都赞不绝口。（尤著声称，交人有仕中朝者，每称道之。）

教书匠逆袭升职"军区副司令"

夸人"文武双全"的不少，真正文武双全的人却并不多。明朝廉州有一任知府，书生出身，却以治匪缉盗出名，由从七品官升至三品大员。

他原来是廉州府的训导，相当于"教育局局长"（教授）的副手，后一路破格升升升，历经代知县、知县、代知府、知府、广东按察司佥事，最后升为"军区副司令"（指挥副使）。

他叫林锦，福建连江人，学历不是很高，只是个省里"统考"的举人，景泰元年（1450年）被派到廉州府当训导。

林锦治匪厉害到什么程度，说一件令人不得不服的事。

廉州府当时管辖钦州、合浦县、灵山县、石康县，它们各自的范围比现在大得多。天顺元年（1457年），林锦被派到土匪最猖獗的灵山县任代理"县长"（知县）。

发现林锦才干的人，叫叶盛，时任广东巡抚。有一天，叶盛看到了林锦的一份治匪的建议，说得头头是道，见解不凡。叶盛立即召见了林锦，并封他任代理"县长"。

当时灵山县衙已被土匪烧毁，一片劫后惨象，社会也处于"无政府状态"。

林锦到任后，吩咐兵士在县衙周边重新布置栅栏，准备大量武器，安置百姓，大家有了主心骨，逐渐安定下来。

土匪看到城里烟火重开，又想劫掠，但几次寻衅，都无隙可乘。由于林锦备战到位，灵山城壁垒森严，土匪始终无法靠近。

很快，林锦的代理期满，消息传出，百姓纷纷逃出城外，躲进了山里。他们担心林锦一走，土匪卷土重来。

没办法，在叶盛的力荐下，皇帝紧急降旨，正式任命林锦为灵山知县。在林锦驱马上任的途中，那些离家逃难的百姓闻讯像返潮一样涌回家里（驰驿来任，民闻之来归）。

这"我来匪去，我去匪复，我在民安"的气概和本事，试问几人能及？

林锦"转正"之后，感觉光是被动防守，每日这样对峙拉锯，毕竟不是办法。他做出一个大胆举动：主动出击，攻心为上。

经过周密部署，林锦单枪匹马深入虎穴，在他的痛陈利害、"威逼利诱"之下，二十五股作乱的土匪全部接受了招安。

实施怀柔策略的同时，林锦指挥官兵对负隅顽抗者进行围剿。天顺五年（1461年）正月、二月、五月，连续在罗禾水、黄姜岭、新庄打了三仗，彻底荡平了匪患，将被掳走的百姓全部营救出来。

随后，林锦将灵山县衙周边临时搭建的栅栏全部拆除，"筑土城"，外掘深壕，将县衙搬回了城里。其他地方风声鹤唳，灵山县百姓"笑语嘻嘻，式歌且舞"，一派平安景象。

区区三年，灵山县这个令皇帝头痛的"匪患渊薮"由乱变治。

成化二年（1466 年），廉州发生饥荒，匪患复炽，林锦又成了"救火队长"，上任廉州知府。

他的知府官职也是先代理后正式任命。履新之时，跟到灵山做代理知县时的情形如出一辙。廉州府也一度被土匪攻陷，烧杀掳掠，府民四处逃散。

林锦听说土匪在清和乡抢劫，就带着队伍赶往当地，布好重兵包围后，他再一次冒险行事，前往贼营开展心理战。

为了消除对方戒心，他没有骑马，而是坐着轿子前往。在他义正词严、软硬兼施的劝导下，一千多"贼众"放下武器散去。

成化三年(1467 年)，由上司极力推荐，林锦被提拔为"广东监察委员"（粤按察佥事），他兢兢业业，履职尽责，每次考绩都名列前茅。

成化十一年（1475 年），林锦被提拔为"军区副司令"（指挥副使），专门负责钦廉一带的缉匪和防务。当年的"文弱书生"，成了如今的"赳赳武官"。

廉州府面临大海，背靠六万大山，流民极易落草为寇。林锦为此提出了长治久安之策：设立团河、新寮、洪崖三个营地，分兵驻守，各司其职，既重点驻防，又防止流窜联络。

他战略眼光极高，向朝廷提出将"军区司令部"（总制府）从广州移驻苍梧，以控两粤，得到"国防部"（兵部）的嘉奖。

古人为官，有抱负的人都追求"文治武功"。地方官所谓的"武功"就是缉匪。农耕时代，靠天吃饭，水灾、旱灾、风灾、蝗灾等自然灾害频发，常常造成大面积的饥荒。饥寒起盗心，民众极易沦落为匪，为这些"忠君许国"者提供了"用武之地"。汉朝那个以"画眉"出名的张敞就是著名的缉匪能吏。

但文人施政，家国情怀较浓，都有理想主义。他们知道一个地方民众惯于为匪作盗，就会形成习气，一来如汤显祖所说的，"不贵生而轻死"，认为自己"烂命"一条；二来是把打家劫舍当作理所当然，因此较之"武功"，"文治"方为根本，需"教化百姓，除顽去梗"。

林锦大力缉盗的同时，特别重视移风易俗。灵山当地人非常迷信，祀神拜鬼的风气十分浓厚。他一方面禁止滥建庙宇，另一方面大力兴建学校，自己在战事之余，还亲自当老师，辅导大家学习经书礼仪，引得很多人去围观（戎事稍暇，坐其上问难经旨，讲肄礼仪，民多往观）。

林锦在钦廉修工事、筑营垒，将灵山县的土城改造成砖石结构，并重建了灵山县衙；在钦州建"明伦堂"，买地扩建孔庙；修筑合浦永安城的围墙、谯楼、角楼，疏浚护城河；修建驿站、旅舍、道路、桥梁，每到一个地方都修造水利。

搞了这么多工程，他却没有向群众摊派过一分钱，全是公费积累，每一分钱都用到刀刃上（未尝敛民一钱用，物力皆归其值，而出于公帑之积）。

"从此世人开耳目，始知名将出书生。"林锦能从一个"教书匠"成长为一名高级将领，见识卓异、能力高强自不待说，更因他有为将之品德。

其一是他行军途中，与部下同甘共苦，有功劳还推让给别人，大家愿意为他拼命（其行军，与士卒同甘苦，有功辄推以与人，以故士多效死）。

其二是他讲诚信。都说兵不厌诈，但林锦收服顽匪，颇有诸葛武侯之风，攻心为上，靠的是说话算数。（为人诚实，洞见肺腑，瑶蛮莫不爱信。）

成化十七年（1481年），林锦告老回到福建老家时还做了一件好事：将两广地区的粤式水车带回家乡，农民争相仿造，成了当地山区灌溉旱地的重要工具。这种水车直到二十世纪八十年代还有人使用。

合浦有一座纪念东汉清廉太守孟尝的还珠亭，最早建于唐朝，倾圮之后由景泰年间任廉州知府的李逊重建。林锦上任时又已坍塌，他迁址城西再次重修，并写诗记下此事：

合浦还珠世所称，危亭移建事更新。

若将物理论孚感，一代恩波一代人。

"一代恩波一代人"，从孟尝到李逊，再到林锦，在恶浊的官场历史中，他们成为"升斗小民"安居乐业的希望所在。

广州有贪泉，廉州有廉泉

东晋的吴隐之是一个不信邪的人，他到广州任刺史，上任途中经过一眼山泉，当地人说这叫"贪泉"，只要喝一口，就会变成一个贪得无厌的人。

吴隐之咕噜咕噜灌了几大口，还写了一首诗：

古人云此水，一歃怀千金。
试使夷齐饮，终当不易心。

意思是古人说这水一喝就会贪财，我相信像伯夷、叔齐那样的君子喝了一定没事，呵呵，我就是这样的君子。

广州先前的几任刺史都是廉政方面出了问题，朝廷才特地派一向以清廉著称的吴隐之继任，他还真的做到了廉洁奉公。

吴隐之在广州生活过得很清简，粗茶淡饭，粗布衣衫。有人为了献媚，送鱼给吴隐之时特地将鱼刺剔出来，他叫人将送礼的人赶了出去。广州的政风明显好转，吴隐之后来被提拔为前将军。

有贪泉，自然有廉泉。廉泉在合浦廉州古镇，是明朝一个叫饶秉鉴的知府挖的。

饶秉鉴是江西人，捋起来他可能还是现在的著名生物科学家饶毅的祖先。天顺三年（1459 年），他从肇庆府的副职被提拔到廉州当"一把手"。

"天顺"是"土木堡之变"中被蒙古人俘虏的明英宗复辟后的年号。当时堪称乱世，豪强地主大量兼并土地，许多人流离失所，匪患四起。升斗之民都是"宁为太平犬，莫作乱离人"，土匪的烧杀掳掠让人们每天生活在惊惶之中。

《廉州府志》记载，饶秉鉴在廉州大力剿匪，保境安民，*"尝获贼三千余，百姓安堵"*。广东巡抚叶盛曾发布通告，表彰他的功绩，称他*"展一方保障之才"*，是从古至今难得的人才。

饶秉鉴对自己的武略仅用来对付草寇毛贼心有不甘，他有着更大的抱负。他到廉州府辖区与安南交界的钦州劳军抚民时，曾感叹马援不再，御边乏将，*"伏波事业今谁继，空倚危亭叹夕阳"*。

剿匪只是标，安民才是本。饶秉鉴深感只有让老百姓生产有出路，生活有保障，才能从根本上避免他们落草为寇。他派人盘点丢荒的土地，提供种子、耕牛，吸引流亡的农民复耕。同时加强户口编制，按土地和丁口分摊徭役和赋税，使*"豪猾不得欺隐……而小民亦无虚粮"*。

政治路线确定之后，人就是决定的因素。饶秉鉴通过考核狠抓吏治，每年从自己的副手同知、通判，到县州衙的县令、县丞、县尉……一干人等全部按功过表现论赏行罚，称职的升迁，不称职的罢免。

"县长"（知县）刘恕，"办公室主任"（主簿）曾玖、华琛因贪赃枉法被开除；为官清廉、政绩突出、风评良好的"副市长"（同知）刘渊、"市教育局副局长"（训导）林锡等获得了提拔。

廉州府署大门东边有口水井，因为离衙门近，百姓怕官，不敢来挑水，水井变成了荒井。饶秉鉴吩咐手下重新清理疏通，还在水井周围砌起石头护栏，方便民众每日取用。

饶秉鉴离职后，人们在井旁建了个"廉泉亭"，以表达对他的感激和怀念。后来亭子没有了，但"廉泉"之名一直流传至今。

"吃水不忘挖井人"，廉州人在为饶秉鉴立亭这件事上，称得上有情有义。因为饶秉鉴离职，既不是升迁调任，也不是告老还乡，而是被罢官斥退。

廉州府辖地与安南接壤，属于边防前线。戍边将领为了邀宠，故意激化局势，谎报军情——这种"养寇自重"是历史上一些边将的惯用伎俩。饶秉鉴发现了这种情形，并上奏朝廷。他这一下捅了马蜂窝，得罪了朝中权贵，被诬陷去职。

饶秉鉴并不是"朝中无人"，他与尚书李秉、大司马马昂、少宗伯马文庄等"副国级""部级"官员都是至交，但他心灰意冷，已是倦于官场，硬是不肯去找他们。接到免职令，他立马卷起包袱走人。

饶秉鉴因治廉而得廉名，但历史上他作为教育家的名声更大。

从廉州回到江西老家后，为了实现自己"虽不仕官，以言济世而不朽"的抱负，他多方筹策募资，建了一个占地五千多平方米的雯峰书院，共有五十多间教室，延请状元出

身的著名教育家罗伦授课讲学。雯峰书院成了明朝中叶江西有名的书院。

古代的地方官为了"立言"，大都喜欢吟诗作赋。饶秉鉴也写过不少关于廉州的诗歌。他以诗言志，称赏汉朝太守孟尝"化行千里郡，珠还九重渊"，夸赞伏波将军马援"功名独见称"；感慨"我亦为民牧，于今鬓已斑"，表达自己对先贤"夕阳回首寸心倾"的敬仰之情。

广州的贪泉，君子啜而无碍；廉州的廉泉，后人饮而思贤。抄录饶秉鉴的《廉江》诗，品味一下他的为官感慨：

长江来浩浩，何事得廉名。
自是源常洁，因之流亦清。
浪浮云影动，波静月华明。
寄语沧浪客，于兹好濯缨。

他在知府任上"弄没"了石康县

明朝第八任皇帝宪宗朱见深登基时,很有一些干劲。他体察民情,免粮减税,赈灾停采,还富有"自我批评"精神,因"扫帚星"(彗星)的出现,专门下罪己诏检讨朝政得失,敕令群臣修身反省。

在这位柔弱谦和的皇帝的领导下,天顺末年一片乱局的大明,进入成化时代后,出现了一派相对的承平气象。

这种来之不易的发展局面,有赖于朝廷重用贤能的"组织路线",各级地方干部忠君爱国的热忱得到了激发。他们守土有责,以保境安民为己任,努力推动和维护大明的经济发展和社会稳定。

廉州知府邢正就是其中一位。

邢正是广西宜山(今宜州)人,祖上是外来的军户。乡试时他以广西第二十七名考上举人,天顺元年(1457年)中进士。成化五年(1469年),他从"民政部司局级干部"(户部郎中)调任廉州知府。

邢正到任之前,历史上强悍多智的广东巡抚叶盛"软硬兼施",刚刚平定了两广的乱局。

廉州地区当时盗贼蜂起,劫杀朝廷命官,抢掠官府库银。叶盛慧眼识人,重用教书匠出身的林锦,抚剿并举,很快荡平了盘踞在十万大山、六万大山丛箐中的各股土匪。

兵燹之后，"由乱入治"之际，邢正到廉州履新。面对百废待兴的局面，他使出了两招：

其一是安民。

当时廉州府民众因躲避土匪抢掠，四处逃难，大片土地撂荒。

无农不稳。邢正上任后发布告示，招纳流民，承诺愿意返回原籍耕种的，一律派发种子、耕牛。他说话算数，很快就有一百多户农民陆续回到了原籍。

消息传开后，那些观望的盗贼也陆续下山向官府投降。邢正赦免了他们，并根据各家丁口，给他们分配耕地和住房——尽管只是茅屋，但足以栖身。

"宁为太平犬，莫作乱离人。"谁不愿意过安生日子？廉州的社会局面很快就安定下来。

（时兵燹之后，田舍荒芜，正招谕流亡，布以恩信，还者百余家。

诸盗闻之，相率降附，区别多寡，给以田宅，众赖以宁。）

其二是裁撤冗官。

明朝的冗官现象从明太祖朱元璋立国开始就"奠定了基础"，他主张"因职定官"，搭建起了庞大的官僚体系。发展到后来，条条大路通罗马，多条渠道入官场：除了科举考试，还有府、州、县推举，以及从社会上招收后由吏转官（进士为一途，举贡等为一途，吏员等为一途，所谓三途并用也）。"三途并用"，冗官问题日益严重。

"龙多不治水，官多不办事。"冗官除了造成人浮于事、互相推诿、效率低下的现象，还极大地增加了财政开支，这些开支最后都转嫁到了百姓身上。

成化年间，廉州府的行政区划发生了一件大事：有一百多年历史的石康县被裁撤，并入合浦县。廉州府由原来辖一州三县（钦州、合浦县、灵山县、石康县）变成一州两县。

廉州府这一重大机构改革，就发生在邢正任廉州知府的第四年，即成化八年（1472年）。最早是由"广东监察委员"（粤按察佥事）林锦上奏提出，获得朝廷批准。

史料评价邢正"复奏革冗官"，显然石康县的裁撤不乏他的大力联手推动。

旧时"皇权不下乡"，一个县吃皇粮的人数远比现在少。成化以前石康县仅设知县、县丞、典史、教谕、训导各一人。但给这几位"官"打下手的胥吏必不可少，数量也不少。

"食之者众，生之者寡。"石康县并入合浦县之前十年，即天顺六年（1462年），合浦县有两千八百七十六户一万三千九百七十九人；石康县的人口只是合浦县的零头，才八百八十户两千九百五十五人，相当于现在一个普通的村委会。把石康县并入合浦县，顺理成章。

单纯的农业经济下，生产力低下，衙门运转的所有开支以及朝廷的征贡基本出自田税和捐费。邢正推动"并县"，从根本上减轻了农民的负担。

英国政治学者柏金森发现一个官场"金字塔定律"：官僚体系都有扩权本能，每一层级都希望直接领导的下属"多多益善"，以增强权威，增加寻租机会。

官场有"官越做越大，车子越坐越小"的段子。邢正身为知府，主动削减"金字塔"的基座，宁管一州两县，不管一州三县，管的官越来越少，真有些自我革命、向自己开刀的魄力。

邢正在廉州还做了一件事：废除失地逃亡者的田税（豁逃绝钱粮）。

明朝前期，贫苦农民出身的朱元璋根据切身体会，对农民征税十分轻微，每亩只征收百分之三。但随着土地兼并现象的不断加剧，王公贵族剥夺了大量农民的土地，但田税仍然留在农民头上。这样一来，许多人被迫举家逃亡。

朝廷想出了新招：将每十户农民编在一起，定下总税，剩下的农户承担逃亡者的田税。随着逃亡者不断增多，剩下的人越来越不堪重负。

邢正摸底清查，根据实际情况，将"失地亡籍"的农户的田税一律废除，缓和了日益尖锐的社会矛盾。

邢正任廉州知府期间，虎患严重，他组织兵士进山打虎，保护群众生命安全，深受感戴（祛虎患，民甚德之）。

由于对廉州的治理政绩斐然，邢正任职六年后调任广信知府。在两个地方担任主官之后，这位廉能之吏很快被提拔为云南"副省长"（参政）。（居六年改知广信，寻升云南右参政。）

邢正，字直夫，人如其名。史书称他"持心正大，抚恤民隐，人咸称之"。在廉州这块土地上，这位宜州人留下了自己的令名清誉。

知府外出考察被淋成了"落汤鸡"

南流江被称为"北海的母亲河"。它从大容山发源,经玉林、博白、浦北、合浦流进北部湾,经过合浦县石湾镇的一段叫罗城江。

罗城江北高南低。北面的大片土地,因为无法引水灌溉而一直丢荒。

成化十七年(1481年),在朝廷担任中宪大夫(相当于巡视员)的江西人刘炬出任廉州知府。

他在廉州"深入基层"时看到这大片沃土丢荒,十分心疼,提出了一个"罗城江造田"计划。

那时候的地方官,抓农业是头等大事。无粮难以立国,国家征收的赋税,最要紧的就是纳粮。军队要吃粮,赈灾要放粮,"手中有粮,心中不慌"是不言而喻的道理。

刘炬动员府民,调用府兵,趁着枯水季节开展了"廉州府冬修水利工程大会战"。

军民筑石截流,开渠引水,奋斗了一个冬春,终于将哗哗的河水引到高处,把约一百顷的高坡旱地变成了水田。

有了田,谁来种是个问题。明朝中叶的成化年间,社会已是败象纷呈,各地盗贼蜂起,廉州境内依山濒海,匪患尤为猖獗。刘炬的前任林锦等人虽然剿平了大股土匪,但是土匪散伙后大多成为流民，"犹多窃发"，仍然是治安大患。

"饥寒起盗心"，刘烜显然对此深有体会。他发布通告，让没有上户口、无田可耕的流民报名，编户入籍，把造出的耕地分给他们，一共安置了一百多户。

按明朝的户口制度，一百一十户为一里。刘烜专门向户部申请，把这一百多户定为"兴忠里"。

农耕时代，农民讲究"人丁兴旺"，国家则把"益粮税，繁丁口"当成地方官最大的政绩。合浦不仅多了一百多户纳粮户，人口也增加了，官民两利。

兴忠里的人感念刘烜的恩德，每年都举行仪式祭祀他（饮食必祭焉）。

刘烜显然对自己以复业为本的"治匪"成果深感满意，写下了一首《抚八寨诸贼》诗：

箪食壶浆远送迎，人心归向若为情。
冥顽昔为饥寒迫，礼义今由富足生。
深峒月明无犬吠，荒村雨过有农耕。
抚绥自我无他扰，可保吾民乐太平。

刘烜在合浦十分重视教育和教化工作。被当地人称为"孔庙"的合浦府学，是历史上广东四大孔庙之一。合浦府学创办于宋朝，元朝时被大火烧毁，明洪武年间重建，成化年间知府林锦做了大规模修缮。

作为林锦的继任者，刘烜为府学配置了各种礼乐器具，使府学"学庙合一"的功能得到了充分发挥。

他重视"精神文明",加强道德建设,应乡民之愿,在旧石康县城修建了罗公祠,纪念为保护民众而殉难的知县罗绅,古迹留存至今。

明朝的"低薪制"史上有名。据考证,当时知县的月工资仅相当于现在的一千二百元,这钱除了供衣食和养家,作为地方主官,聘用收税和审案的助手(胥吏)的费用也要从中支出。

"穷"之外是"累"。地方官三年一小考,六年一大考,平时的巡查督察无月无之,动辄被问责,说"累成狗"一点也不夸张,所以明朝不像唐宋时期,官员中能冒出那么多的薄幸文人、风流骚客。

但低薪和劳累并没有影响刘烜在边鄙任职的工作热忱,也没有影响他赋诗抒怀。

刘烜有一次到廉州府下辖的钦州考察,公务结束后大清早便出发回府。

从钦州到廉州,相距二百多里,那时候既没有高速公路,也没有小汽车,几个人骑着驿站提供的马匹,沿着崎岖山路小心慢行。

半路遇上瓢泼大雨,仆人不断地提醒"小心路滑",骑的马也开始"闹情绪"。因为担心马失前蹄,刘烜一行人只好将马牵着,跨过积水深达膝盖的荒渠,全身衣服湿透,被淋成了落汤鸡,寒冷沦肌浃髓。

刘烜留下的一首《行部钦州归途值雨》,记录了这次狼狈的视察经过:

驿程侵早发天涯，山路崎岖跬步移。

方怪仆夫频告病，忽惊匹马又嘶疲。

荒渠集水深过膝，苦雨沾衣湿透肌。

民事勤劳吾分事，敢萌分寸怨尤私。

诗的最后两句是"民事勤劳吾分事，敢萌分寸怨尤私"，意思是这都是我的分内之职，不敢有丝毫的埋怨。

不知道刘焆当时是否记起了苏东坡的"竹杖芒鞋轻胜马，谁怕？一蓑烟雨任平生"，但他的诗，却让人油然想起了郑板桥的"些小吾曹州县吏，一枝一叶总关情"。

刘焆在廉州工作了十年，弘治四年（1491 年）被提拔为贵州"省政府副秘书长"（右参议），离开了这个他留下累累事功的地方。

他因为讨厌吃喝居然获升官

现在流行基因学。科学家认为，不仅是长相、肤色、遗传疾病，而且连秉性、爱好、行为习惯等，都与基因有关。

比如有的家族有"冒险基因"，喜爱攀岩、跳伞、冲浪的人层出不穷；有的家族成员分布于五湖四海，似乎喜欢漂泊；有的家族擅长做生意，做买卖的人特别多；有的家族富有"艺术细胞"，音乐家、美术家迭出……至于读书，更被认为有遗传。"有其父必有其子"，除了言传身教，其实还有部分基因遗传的原因。

但我总有些怀疑这说法属于心理学上的"幸存者偏好"，只找了能"证实"的例子，却忽略了"证伪"的情形。父亲饱读诗书、儿子无心向学的现象并不少见。

明朝合浦有一户包姓人家，曾经三代科举都榜上有名，其中两代举人，一代进士。那时候没有基因学，大家都认为是祖坟埋在了好穴，风水注定了家族"出人出官"。

包家的爷爷名叫包英，是明景泰年间的举人。包英是哪一年参加乡试考上举人的史书未载，只说他曾经担任福建长乐县训导。

"训导"是什么？推行科举制度之后，教育一直是历朝历代最重要的行当，地方官署没有专设农业、城建、人事、公安、文化、民政等部门，相关工作都是知府、知县及其副手同知、县丞的职责，但教育部门却有专设，府的"教育局局长"叫"教授"，州的叫"学正"，县的叫"教谕"，府、州、县教育部门的副职都叫"训导"。

古代"官"和"吏"界限严明。"教育系统"的这些头头都是"官"，理论上都属于皇帝任命。

"五百里内不为官"，官员需要避籍异地任职。所以合浦籍的包英才会到福建长乐县任职。明朝官员薪水低，"千里做官为吃穿"就是这么来的。

长乐县"教育局副局长"、举人包英的儿子叫包义民，与父亲相比，他称得上青出于蓝，成化二十年（1484 年）考中进士，做的官也比父亲大。学而优则仕，考"进"了就能成为"士"，包义民中进士后被任命为安徽繁昌知县。

包英史书无传，包义民在一些志书中有专门介绍，他"少读书笃行，有抱负"，从小就是标准的好孩子。"人格贵重，志存高远"从来就是成功者的标配，包义民就是典型的例子。

包义民在繁昌任"县长"三年，不清楚是由于父亲还是母亲去世，回家守了三年孝，重新补任泾县"县长"，后来被提拔为江西广信府"副知府"（同知）。

他为官"廉静宽大""政尚廉平"，"廉静""廉平"即清廉自守，清净无为。"无为"并非无所作为、放任自流，只是不咋呼，不折腾，不随便拍脑袋和胸膛。因为"操行端正"，不怒而威，史书称他"吏亦不能为奸，尤有惠政"。

包义民宽大为怀，老百姓打官司，他一般都采用劝导调解的方式止纷息讼，以理服人，不以威屈人。他从繁昌县离任时，当地"干部群众"专门为他立碑纪念。

包义民有一个特点——"雅不喜肴厨"，最讨厌吃吃喝喝讲排场。这大概跟他"性沉静"，不喜欢吵吵闹闹、吆五喝六有关。

但官场离不开迎来送往，毕竟"人情"最为关键，同僚也好，上司也罢，吃好喝好招呼好才有好脸色；碰上心眼小的，饭桌上少喝一杯，就"够你喝一壶的"。

所以一般来说，在当时他这种"另类作风"在官场只会减分，不会加分。

但包义民偏偏撞彩，他"不以盛宴媚上官"，不知怎么就传了出去，竟然得到上司激赏，获得了提拔（传以悦上官，擢广信府同知）。

包义民有两个儿子，一个叫包广，一个叫包廉，都继承了父亲"好读书"的基因。包义民特别喜欢小儿子。

弘治十一年（1498年），大儿子包广参加乡试。当时包义民在广信府忙于公务，外面下着雨，家里派人来报告消息，包义民脱口问："包廉考得怎么样？"

家人说："是包广，已经考中举人了！"

包义民大喜："包广都能考上，那包廉就更不在话下了。"

没想到，包义民从公堂回到住处后，就突发疾病去世，大概是太过兴奋的缘故。

到了弘治十七年（1504年），包义民的小儿子包廉果然也考中举人。

廉州地处岭南，不像闽赣江浙地区人才辈出。包家三代科举及第，一进士三举人，在当地实属难得的书香门第。

出师未捷身先死的合浦籍外交官

外交官是比较神秘的职业，讲一个关于合浦籍外交官的"古"（故事）。

明朝闭关锁国，外交活动不外就是"封贡"，皇帝对"蛮夷之国"的国王进行册封，那些进贡的国家就成为所谓的藩属国。

"藩"就是篱笆，明朝把那些国王受册封的国家当成护卫自己的"篱笆"，大概跟现在所说的"缓冲区"差不多。藩属国自己管自己的事，只要接受册封就行。

当然，表示"接受"要有实际行动，那就是朝贡。明嘉靖年间安南发生内乱，军阀莫登庸推翻黎氏国王，很久没有进贡，明朝一些大臣嚷嚷要发兵"扁"（打）他。

在廉州当知府的张岳上书，说这是安南自己的"家事"，建议以"抚"代"战"。最后莫登庸"签约"受封续贡，南疆避免了一场干戈之祸。

其实，篡位的莫登庸忙于夺权，可能真的疏忽了。

朝贡对于大明来说，也就是要一个"面子"。对于藩属国，朝贡从来都是赚钱的买卖，供奉的东西远比封赏的少。洪武四年（1371年），朱元璋就规定朝贡实行"薄来厚往"的原则。

朱元璋把朝鲜、日本、安南、真腊、暹罗、占城、苏门答腊等十五个国家列为大明的藩属国，告诫子孙"不征诸夷"，这些蛮夷国如果不主动挑衅，不许征伐。

朱元璋这种"月亮与星星"或"大哥与老弟"式的外交国策，存在一个问题：要是那些册封的藩属国之间"干架"，明朝这个"大哥"管还是不管？

这样的事情果然在明宪宗朱见深的成化年间发生了。

成化十年（1474年），宪宗皇帝派一个叫陈峻的官员到占城册封新国王，遇到安南军队侵占占城，城门都进不去。

陈峻见册封占城王不成，带着本来打算赐给占城王的厚礼去了藩属国满剌加（马六甲），向满剌加国王传达了宪宗皇帝的亲切问候，要对方记得向大明进贡。

满剌加国王很快派使者到了京师，宪宗皇帝非常开心，赏赐了很多礼物。

满剌加离大明有点远。到了成化十七年（1481年）九月，满剌加使者再一次到来。

这回却是来告"御状"的，使者说了发生在十二年前的一件事：

成化五年（1469年），也就是陈峻到满剌加之前五年，满剌加曾派使者到大明朝贡，回去路上，乘坐的船被风刮到了安南境内，结果出使的人大多数被杀害，剩下的脸上被刺字做了奴隶，男孩还被阉割。现在安南侵占了占城，还要吞并满剌加。

满剌加使者对宪宗皇帝说："我们和安南都是大明的臣国，不敢跟他们开战。"言外之意：大哥你可得主持正义，替我们做主。

这时候正好安南使者也来朝贡。满剌加使者与安南使者在皇帝面前公说公有理，婆说婆有理，吵得热火朝天。

皇帝被吵得头晕，征求一干朝臣的意见。兵部尚书说，这都是些陈谷子烂芝麻的事，不必理睬。

皇帝想想也是，大明鞭长莫及，不可能劳师远征，多管闲事。但态度还是要有的，他写了一封"严厉谴责"的诏书，让安南使者带回去交给国王。又安抚满剌加使者："要是安南再欺负你们，回去集结兵马跟他干，怕他做甚！"（帝乃因安南使还，敕责其王，并谕满剌加，安南复侵陵，即整兵待战。）

大明并没有完全袖手旁观。没多久，宪宗皇帝派礼部给事中林荣率团前往满剌加，以册封王子马哈木沙为王，表示力挺。

这位林荣是地道的合浦人。

林荣在成化十四年（1478 年）考中进士，被任命为礼部给事中。

林荣南人北相，身材魁梧，性格爽朗。史书称他"遇事敢言，不畏权势"。

有一事可作证明：明朝纳税是交粮食，各省押粮进京，负责收粮的太监百般刁难，在燥湿、斤两上搞名堂，逼人行贿，牟取私利。

其他人对此都视若无睹，偏偏林荣看不过眼，给皇帝上了折子，痛陈积弊。这件事让他闻名全国，各地官员都对他感激、钦佩。

册封藩王是礼部的职责。林荣和副手黄乾亨领了圣旨，带着船队出发。然而不幸的是，他们刚入海不久就遇上了大风，船在浙江台州的洋屿岛附近触礁沉没，林荣和黄乾亨以身殉职。

关于林荣遇难还有一件轶事：他出发前，礼部同僚丘文林写诗相赠，序言中称船队途中有一个地方，海水倾注，被称为"溜"。如果行船误入其间，就会沉到深不见底之处。那里正是道家所说的"蓬莱弱水"。

林荣出事后，人们都认为丘文林一语成谶。

宪宗皇帝深表痛惜，指示在林荣遇难地举办了盛大的追魂仪式，并追封林荣为正七品都给事中，列入乡贤祠供祭祀，还批准他的一个儿子进入"国家干部学院"（国子监）肄业（修习课业，古代的"肄业"并非考试没通过或其他原因未毕业）。朱见深随后连续派出两批人马，才终于完成了对满剌加新国王的册封。

满剌加是与大明关系最为密切的藩属国。早在永乐初年，双方就有使者往来，建立了友好关系，满剌加愿意"同中国属郡，岁效职贡"。三保太监郑和下西洋时，在满剌加修建了库府。

作为前往其他藩属国的中转站，满剌加迄今保留有三保山、三保城、三保井、三保庙等古迹。

林荣出师未捷身先死，令人为之叹息。他虽远不及郑和有名，但作为明朝的外交官，他也算是合浦这个海上丝绸之路始发港出现的一位献身"海丝"事业的先人吧。

北海这个镇为何有不劈烧柴头的怪风俗

明天顺六年（1462年），廉州府石康知县罗绅接到通知，要他到相邻的梧州府博白县曹村开会。

尽管开会的地点是个无名村子，但会议却不同寻常。

较长时间以来，玉林、廉州、梧州一带大量流民落草为寇，在灵山、钦州、石康与博白一带四处抢掠。

广东巡抚叶盛派出官兵围剿，这次开的就是"剿匪"部署会。

从石康到博白曹村只有二百多里，因为土匪猖獗，早已商旅不通。罗绅和儿子罗鉴出发时不敢大意，带了数百人组成的民团。

这么多人马离城，难免会走漏风声。走到半路，罗绅接到报信，大股土匪正向石康县城进袭。罗绅自己继续赶去参会，分了一百多人，让儿子罗鉴领着赶回去守城。

罗鉴的队伍折回到一个叫岛木的地方，与大股土匪相遇。对方人多势众，罗鉴毫不畏惧，驱马上前，弯弓就射，手下也跟着一齐冲锋，对方蜂拥相迎。

以寡敌众，射光了箭的罗鉴被土匪砍倒在地，割去脑袋。

虽然罗鉴战死，但是这场遭遇战却使石康县城免去了一场劫难。

知县儿子死于贼寇之手，这消息震惊一时。广东巡抚叶盛指示举行隆重的追悼仪式，还派人从广州专程送来嘉奖令。祭礼则由合浦、石康两县合办，石康县"教育局局长"（教谕）主祭。

这段史料被记载在成化年间廉州知府刘烜的《石康罗公传》中时，距事情发生已过了二十多年。

刘烜感慨：那个时候，民生凋敝，盗贼势力日益猖獗，就算是足智多谋的人，也没有办法（当是时，人民日凋瘵，贼势日猖獗，虽有智者，亦付之无可奈何矣）。

"宁为太平犬，莫作乱离人。"虽然流民是被"逼上梁山"，但是他们大量沦落为匪，那些与世无争的升斗小民就再也没有平安日子。"僻在极边"的石康，"正统末以来，流土贼寇出没无常，人民十存一二"。

江西宜春人罗绅就是在这种背景下到任石康知县的。在这之前，他曾任四川盐亭知县，留下了很好的政声。

虽然无力回天，但是罗绅"爱民之心不替"。面对匪寇肆虐的"烂摊子"，他"一心惓惓，夙夜不宁"，首先想到的是减轻税赋。

石康县原纳粮三千五百六十多石，合浦县纳粮六千多石。匪乱导致大量土地抛荒。罗绅将石康会同合浦的情况通过知府饶秉鉴禀报朝廷，将两县粮税减到了五千三百六十多石，减幅超过四成。

但受匪寇影响，仍无法耕作，民无所入，光减税显然解决不了问题，石康县境内出现了大量饿死人的现象。罗绅又紧急向上级报告，开仓赈灾，使许多百姓得以活命。

石康县城西南边有个叫"鼓塘陂"的水库，因年深日久，堤坝崩塌，无法贮水。罗绅发动民众重新修筑了十几丈长的围堰，使农民得以引水灌溉，不再担心天旱。

儿子罗鉴战死时，罗绅在石康县已任职五年。他承受着丧子之痛，继续尽保境安民的责任。

杀死了知县儿子后，土匪的气焰更为嚣张，到处袭扰，把农民家里的耕牛全部抢光。罗绅筹措了一笔钱，安排人员去买牛，孰料回到半路，数十头耕牛竟又被土匪拦路劫走。

罗绅和"民团指挥"（甲总）盛逵带队，会同赶来的官兵与土匪展开激战。他冒着危险，亲自给被箭射伤的盛逵包扎。大家深受鼓舞，舍身奋战，打跑了土匪，将耕牛全部夺了回来。

成化三年（1467年）十月十九日，正值秋收，县衙民团已经出城护农收割，数千名大藤峡的匪寇突然闯到了石康县。

二十多名留守官吏和门卫象征性地抵抗了一阵，流寇就冲了进来，知县罗绅和举人伍星奎，监生周泰、陈纪等成了俘虏。

四人被绑到匪寇头目面前。罗绅想让伍星奎等人脱身，假意对匪寇头目说，你们抓人不过是想要赎金，要是把他们三人放了，赎金能得到更多。

匪寇头目听了罗绅的话，便释放了伍星奎等三人。伍星奎等误会罗绅是让他们回去筹赎金，由于事发突然，他们只筹到三十两银子，由陈纪等人急忙将银子送来。

一看只拿来区区三十两银子，匪寇头目破口大骂。罗绅

对着送赎金的陈纪大声说："国家派我守卫这一方疆土，城陷被俘，死就是了，有什么可赎的！"

匪寇还抱着侥幸心理，将陈纪等人放回去，要他们再筹赎金。

其实从被抓那天起，罗绅就开始了绝食。匪寇将他押到灵山县马踏村，看到送赎金的人迟迟不到，就对罗绅百般折磨，手段令人发指。罗绅嘴里一直骂声不绝，最后被虐待至气绝身亡。

匪寇离开后，一起被掳的张聪等人将罗绅的尸体带回了县城。县里最有名望的长者高斌带着男女老少到河边迎接，民众泣不成声，就像自己的父母去世一样。

给罗绅作传的廉州知府刘炟称赞罗绅父子*"子为父而死，孝也；父为民而死，忠也"*，堪称*"克尽臣子之大节"*。

在罗绅父子殉难后，知府饶秉鉴曾立祠纪念。到刘炟任知府时，他应乡民之愿，在原来城隍庙的地方，重新建了一个"罗公祠"。

积年累月，风雨侵蚀，罗公祠得到历代任官的维护。明嘉靖九年（1530年），廉州府同知章净重建倒塌的罗公祠；清康熙四十九年（1710年），合浦知县连圻做了修葺；到了乾隆年间，合浦知县廖佑龄又进行了扩建。

罗公祠一直香火不绝，屹立至今，罗绅在当地成了民众敬奉的神灵。

石康当地有个流传很广的故事：抗日战争期间，日寇飞机轰炸石康，人们看见罗绅骑着高头大马，将飞机扔下的炸弹逐一踢到江里。在日寇飞机走后，有人看见罗公祠里的罗绅塑像满头大汗，脚上的靴子也被踢歪了。

石康县在罗绅死后四年就被撤，并入了合浦县。

岁月悠悠，山河变换，罗公祠现已破败不堪，然而迄今在石康镇仍有一种习俗：如果灶膛里的木柴烧不完，取出后不能从中间将它劈开。原因是当年匪寇掳走罗绅等人时要不来赎金，而被俘的罗绅又对他们痛骂不止，在折磨罗绅的过程中匪寇兽性大发，残忍地将烧着的木头削尖了插入他的肛门，罗绅在万般痛苦中被活活弄死。

四百多年前石康知县的惨运，演变成当地民众不劈烧柴头的忌讳。他们用这种方式表达了对殉难的罗绅知县永远的崇敬和怀念。

一头媲美海瑞的官场"犟驴"

明正德年间，一个叫吴廷举的官员路过合浦，写了一首诗，其中两句经常被人引用："行李纷纷游宦子，几人不愧大廉山？"

大廉山因为东汉时的合浦太守费贻而得名。"诗言志"，身为朝廷官员，吴廷举这样扪心自问，可见他的志向与为人。

吴廷举祖籍湖北嘉鱼，父亲是驻守梧州的军官，他在梧州出生，并没有在廉州当过官，与廉州的渊源就是曾"到此一游"，留下的唯一遗迹就是这首诗。文字的生命力的确够强大。

吴廷举是明朝官场的异类，堪称"海瑞第二"，史书称他"有强项志"，俗话说就是"死鸡撑硬颈"（明知道要输了或理亏也死撑不肯服输），性格执拗比著名清官海瑞有过之而无不及。

吴廷举游廉州时，"水逆"的命运刚结束，出任广东布政司——相当于负责除军务、司法、监察外政务的省长。在这之前他因为弹劾上司——当时著名的文坛领袖李梦阳，弄得正德皇帝对他很不爽。他一气之下递交了辞呈，皇帝还没批准，他就自己卷铺盖走人，受到了停薪一年的处分。

如此我行我素，在刚入仕时吴廷举就"本色出演"过。

吴廷举有"神童"的美称，十六岁就成了举人，二十九岁中了进士，被任命为广东顺德"县长"（知县）。

须知过去衰颜白发的老童生、老秀才并不少，洪秀全从十五岁到三十岁，考了四次，连秀才也没考上，而二十九岁的吴廷举已是进士。

都御史（相当于监察部副部长）屠滽到顺德巡察，召见"吴县长"，请他给老家在顺德的某太监维修一下祠堂。

对于官场中人，这无异于"瞌睡来了有人递枕头"，是求之不得的好事。

"御史出行，山岳摇动"，都御史是监督各官员的官，下来巡察，有什么吩咐，地方官一向都是不折不扣地执行，因为它直接关系到官员的仕途进退，甚至得福惹祸，太监又是皇帝身边的红人，别说交代，没交代也会自觉办好。

吴廷举却想也没想就挡了回去："如果没有先例，我一个人也不敢派，一分钱也不敢花。"

另一件事，也许更显出吴廷举"不开眼"：

皇帝派驻顺德任"海关关长"（市舶司提举）的太监经常拿钱让地方官帮忙采买葛布（常以银委买葛布充贡）。

实际上这是太监"揩油水"的惯例：羊毛出在羊身上，地方官上交布匹时都会将银子完封归还。

"关长"要"吃豆腐"（占便宜），吴廷举偏偏装傻，收到银子后，他买了两匹葛布送到市舶司，说："不知道是否合适，先买了两匹，要是觉得不好，我把剩下的银子还您。"

"关长"从来没有见过这么不识抬举的人，悻悻地取回了剩下的银子，同时记住了这个姓吴的家伙。

吴廷举屡屡不买上司账的事，传到了监察御史兼湖广巡按汪宗器的耳里。他认定吴廷举一定是个沽名钓誉的家伙（彼专抗上官，市名耳）。

官场往往这样，有时候彼此还不认识，却已经得罪上对方了。

汪宗器接到告状说，吴廷举拆毁了顺德二十五间野祠庙，将材料用来修造学校、修筑防洪堤时有贪污行为，下令将其逮捕下狱。

顺德的百姓和属吏听说父母官蒙冤，纷纷跑到汪宗器面前申诉。

也难怪，吴廷举在顺德当了十年"县长"，早已"收买"完人心：破除迷信，重视教化，照顾孤寡，不贪不占。朝廷官员经过顺德，让地方出钱出力，揩油水本是惯例，吴廷举"挺身与之角，卒不与"，坚决不买账。

人品好没办法。此事弄得汪宗器心里发毛，他查明实情后，深感愧疚，宣布吴廷举无罪。

吴廷举先后在弘治、正德、嘉靖三朝做官，两次差点"挂掉"。

一次是因为拒绝用库银送礼，还揭发大太监刘瑾的手下贪污，刘瑾伪造圣旨将其逮捕。刘瑾想弄死吴廷举，将他上枷带锁，罚他在吏部衙门前站了十二天，不给吃不给喝。吴廷举在朝里当员外郎的亲弟每日送饭，晚上睡在那儿照顾他。其他大臣纷纷仗义执言，刘瑾只好将他释放，发配雁门。

另一次是复出后，跟随陈金剿匪。匪首胡浩三先降后叛，吴廷举前往匪巢劝降，被对方扣作人质整整三个月。吴廷举临危不惧，趁机策反，成功脱逃。

吴廷举的"死性"终生不改。嘉靖皇帝登基后掀起的"大议案"，弄得朝臣之间营垒分明，形同冰炭。吴廷举上奏劝皇帝"好好学习勤于朝政，近贤人远小人"，建议皇帝仿效朱元璋修《孝慈录》，召集"有关人士"集当朝好人好事编纂成书，以诏后世作为科举读物，以劝勉学子，教化百姓。

可惜"我本将心向明月，奈何明月照沟渠"，吴廷举一片忠心，皇帝对他的进谏却"不怿（乐）"。他来了脾气，提出退休，"申请书"中引用了白居易等人的诗，几处出现了"呜呼"一词。皇帝大怒，认为他没有人臣之礼，勒令其"滚蛋"。

史书说吴廷举"面如削瓜，衣敝带穿，不事藻饰，言行必自信，人莫能夺"，完全想象得到他的样子：孤忠自傲、不修边幅、执拗自负。

吴廷举是个书虫，退休回到梧州后，不建大宅，不置田产，家中藏书万卷，去世的时候，还是总督姚镆出钱办的丧事。

有意思的是，这样一个貌似"冥顽不化"的"旧式人物"却思想超前：任广东布政使时，一改闭关锁国的祖宗成例，制订了与洋人贸易的章程，还代"佛朗机"（葡萄牙、西班牙）向朝廷申请进贡，曾被攻击"为洋人侵略开方便之门"，识者则认为吴廷举做出了顺应世界贸易潮流之举。

恶斗太监，他竟"咸鱼翻身"

苏东坡任湖州太守时，因"乌台诗案"在任上被当场带走。他形容堂堂一州之长，差役却像抓一只鸡、拖一条狗一样把人带出公厅。

明朝廉州也有一位知府，在任上被逮捕，而且抓人的是令人胆寒的锦衣卫，但他却临危不惧，敢斗善斗，最后陷害他的人坐了牢，他自己则官复原职。这个人便是李逊。

李逊，江西人，明景泰五年（1454年）任廉州知府。到任不久，他就与珠池太监发生了冲突。

有明一代，太监最为势大。因为朱棣夺得皇位，得力于宦官相助，于是一改朱元璋 *宦官不得识字预政，扫除之役而已* 的规矩，设立东厂，从制度上为宦官专权创造了条件。

到了英宗时宦官更加受宠，揽权攫财变本加厉，内官监像八爪鱼一样将手伸向四面八方，向各地派驻采珠、市舶、榷税、采矿、采办等各种专差太监。

这等于在地方官之上，设立了"官上之官"，地方职能部门叠床架屋，这样有多扰政害民可想而知。

合浦珍珠远近闻名，廉州的采珠专差成为太监眼中的肥缺。自从来了珠池太监，老百姓度日如年，生活变得异常艰难。（命内监分守珠池，雷廉始大困。）

这些身衔皇命的珠池太监，飞扬跋扈，与地方贪官勾结，无法无天，强索民财，擅加珠税，弄得民不聊生，"珠官一至，百姓远徙，近海百里绝无烟火"。

嘉靖年间任江西布政使的顾梦圭，写过一首《珠池叹》：

孟尝美政龚黄班，今人反怨珠来还。
玺书三年两次降，骊龙赤蚌皆愁颜。
往时中官莅合浦，巧征横索如豺虎。
中官肆虐去复来，谁诉边荒无限苦？

与李逊发生冲突的太监叫谭记，听起来有点像某个档口的名字。他可能真的把廉州当成自己发财的"档口"，作为朝廷第一个派驻白龙珍珠城的太监，一到就改规矩，将以往采珠分成的"官四民六"，改成了"官六民四"。

李逊到廉州后访贫问苦，深感珠民生计艰难，地方土地贫瘠，也没有其他收入来源，思来想去，只有减税减赋一条路，打算将"官六民四"改回"官四民六"。

谭记自然不干。作为珠池太监，珠课是他上下其手弄钱的主要门路，改回去他还有什么油水可捞？

两人自然成了冤家对头。

李逊是知府，论级别属于四品，起码是"正厅级"以上；而外派的谭记级别在八品以下，满打满算只是个"科级"，但李逊是地方官，谭记却是钦差。俗话说，京官大三级。身衔皇命的钦差，何止大三级！论实力，李逊不能与谭记相比。

但李逊是个"不解事"的官。

两人本应同心协力，但"道不同，不相与谋"，心里想的完全不是一回事，互相间自然不对付，摩擦难免随之而来。

《廉州府志》记载了双方的尖锐矛盾："时守珠池内官虐害军民，逊不避权势，屡遏其非礼之行。"

作为地方官，李逊不好正面硬杠，于是从整治下属入手，责令府衙的官吏皂隶，凡有巧立名目盘剥珠民者，自行退赃可从轻发落；如有隐瞒，一经查出，严惩不贷。

一些衙门属吏自恃与谭记交情深厚，对退赃令置之不理。李逊查明实据，或撤职，或究办，短短数月，这场"廉政风暴"让廉州吏治焕然一新。

李逊上书代宗皇帝，禀报珠课太重，珠民不堪忍受，要求将"官六民四"改回"官四民六"；同时开放珠禁，允许珠民持证采珠，上等珍珠上缴皇室，中下等珍珠珠民可自行处置，兑换粮食和日常生活用品。

李逊的奏章言辞恳切，入情入理，代宗皇帝被深深打动了，朱笔一挥，写下"准奏"。

珠民无不欢欣鼓舞，纷纷唱起"咱老百姓今个儿真高兴"。他们重操采珠旧业，生计得以缓解。

被断了财路的谭记又气又恼，坚决要将李逊扳倒。他也给皇帝写了一封信，诬陷李逊放纵百姓盗采珍珠（乃诬奏逊纵部民窃珠），破坏国家重要资源。

内官监手下有一支令人闻风丧胆的办案队伍——锦衣卫。他们星夜兼程赶往廉州府，在府衙里将李逊拿下，逮押京师。

身陷诏狱的李逊并没有坐以待毙，他将之前了解到的谭记在廉州杖杀无辜、闯入民家抢夺财物等劣迹，一件不漏地写成控告信（逊悉发记杖人致死及强入民家夺财物诸状），并想办法把控告信送到了皇帝的案头。

代宗皇帝下令将谭记也押解进京，与李逊当面对质。

两人在代宗皇帝面前唇枪舌剑，李逊一腔正气，慷慨陈词；谭记百般狡辩，最终理屈词穷，无从抵赖。代宗皇帝龙颜大怒，下令将谭记法办下狱，又好言安抚李逊，令他速回廉州府复职。（帝逮记面质，具服，遂锢记，而复逊官。）

一场"战力"不对等的恶斗，地方官居然斗败了不可一世的钦差太监，实现"咸鱼翻身"，堪称奇迹。

李逊主政廉州府期间，"其他美政尤多"，他重建了"还珠亭"，以纪念清正廉明的汉朝廉州太守孟尝。

修亭之时，廉州缙绅乡民对知府大人的倡议踊跃响应，出工出力（民悉欣然从事，无有怨咨），短短数月，在他上任当年的冬天就完成了这项工程。

李逊纪念孟尝，他自己也被人怀念。李逊任满离开廉州后，民众怀念他为民请命、造福珠乡的德政，在白龙珍珠城为他立碑纪德。

他以两千劳师击溃万人悍敌

史乘中的湛钺，事迹与那些文官不同，他是武将，是廉州府的"驻军司令"（卫指挥），后来升迁"广东军区领导"（广东都指挥佥事），是都指挥使、副指挥使的助手。

湛钺是廉州人。明朝实行卫所制，卫所的头目不少由当地人担任。"湛"这个姓不常见，廉州似乎没有聚居的湛姓村落，史料也找不到他出身的记载，不知是否属于外来军户。

史书称湛钺"性英俊而能下人，文武足备"。"性英俊"，说的不是长了一张"小白脸"，主要指气质；"能下人"，即爱护下属，大概是像战国时的吴起那样，与士兵吃饭不分灶，睡觉不分床，行军不骑马，同披一样袍，同难相济，同甘共苦。

弘治十四年（1501 年）六月，海南儋州的黎族人符蚺举事，杀死少数民族"部落首领"（峒首），并按事先约定，串联号召大批黎族人民揭竿而起，围攻儋州城。这是海南历史上声势最大的一次黎族人民运动。

明朝在海南实施"流土结合"，采取"以峒管黎"政策。府、县的官员由异地来的流官担任，他们收买"部落首领"，从永乐三年（1405 年）起，就委任各峒首担任相关的官职，如州、县的佐官，还有典吏、土舍、土巡检、土主簿等，由他们直接管理黎族人民。

应该说，这一做法对于管辖少数民族地区还是有效的，解决了外来官员"水土不服"的问题。

但一些峒首仗着官职在身，有朝廷"加持"，贪婪残暴，盘剥峒民。朝廷因为种种禁忌，放任自流，"以致熟黎失所，逃入生黎，日积月盛，藩篱敞毁"。

当时，儋州知府张桓、余濬，同知陈珉与七坊峒首符那月勾结，强迫峒民年纳"额粮八百余担"。

弘治十三年（1500年），海南旱灾、水灾接踵而至，"水浮民房"，粮食歉收，瘟疫流行，一片悲惨景象。

人都有忍性，没到日子过不下去，有压迫未必就有反抗，但当时海南的状况已达"沸点"。

儋州七坊峒人符蚺，又名符南蛇，终于忍无可忍，联络儋州地区的一班"伙计"，策划了这场黎族人民暴动。

符南蛇虽然是穷苦家庭出身，但颇有军事才能。他指挥围攻儋州的同时，分兵出击，"大火"很快烧到了海南西边上千余里范围，昌化、澄迈、定安等县城相继陷落。

火烧眉毛，朝廷火速就近从廉州府调派兵马前往镇压。

弘治十四年（1501年）九月，湛钺领兵渡海，刚抵达西峰驿站，就得悉符南蛇手下符那树的人马正在围攻临高县城，估计很快得手。

打还是不打？打，敌方锋芒正盛，人马远比湛钺带的多，并无胜算。不打，奉命渡海而来，难道是来这里观光？

劳师远征的队伍停在驿站，许多人脸上露出害怕和不知所措的神情。

（闻贼攻临高城将陷，时贼众兵寡，众有惧色。）

118

湛钺紧急传令，让士兵生火准备两天的伙食，并派出探子侦知符南蛇的大本营，带队从小路日夜兼程，绕了一大圈，冲到对方后头，直捣敌营（命士卒举火作二日粮，诇知贼营所在，由间道兼程驰奉蓝，绕出贼后，捣其老营）。

要是直接到临高县城解围，那是"敌众我寡"；现在袭击敌军空虚的老巢，成了"敌寡我众"。

符南蛇留守的兵马溃不成军，一百多人被歼。

符那树拼力攻打临高县城，眼看就要得手，忽然接报获悉大本营被端，紧急下令撤退回救。殊不知，湛钺早已埋伏在路上。

湛钺不是要拦住对方，来个两军对垒。廉州有句老话，巷穷狗咬人。他叮嘱部属：对方处于死地，一定殊死相拼，不宜正面迎战，应作合围，等到退军过了一半，再从中间杀出，用气势压倒对方，一举将其歼灭（贼在死地，未可迎敌，宜阙围俟。其半出而中击之，取威灭贼，在此一举矣）。

一切就像沙盘推演，符那树完全按照湛钺的安排，走上了"绝路"。他队伍的一半过了埋伏点，湛钺率精兵骤然杀出，一条长蛇被截成前后两段，首尾不能相顾。兵士惊慌溃散，七百多人被追杀。

城里的驻军和民众看到来救援的官军得势，呐喊着冲出助阵。符那树的人马狼奔豕突，四散逃跑，躲进草木丛中，被村民砍杀不计其数，符那树也被活捉（城中鼓噪皆出，贼大溃，窜匿草野，乡民复击杀之，生擒贼首符那树）。

正领着大部队攻打儋州的符南蛇，听说符那树战败，大为震惊，急忙撤退，儋州城得以解围。

撇开正邪对错，湛钺这一仗可以说赢得痛快淋漓，堪称冷兵器时代的经典战例。他仅仅靠两千士兵，就击溃了对方的万人大军，体现了杰出的军事才能。

湛钺经此一仗，成了琼州军民的主心骨。可惜没过多久，他因为大暑天冒雨作战，染上疾病，在军营中溘然长逝。琼州上下失声痛哭，在临高县东门大平桥附近建了一座祠堂纪念他（未几，以冒暑雨苦战，疾作，卒于军。琼郡远近吊哭失声，建祠临高东门太平桥祀之）。

湛钺得以上书入传，是因为镇压海南少数民族运动的事功。历史上正统皇朝的农民运动，本质上是反抗以皇帝为代表的官僚集团的压迫和盘剥，而由此带来的离乱，也使大量平民家破人亡，死于非命，失去了安宁的生活。

湛钺的所作所为固然维护了皇朝的统治，但于大多数"宁为太平犬，莫作乱离人"的平民百姓来说也是一种保护。

史书记载，在镇压符南蛇举事的过程中，明朝官军占领七坊峒后，捉拿了他的妻儿，放火焚烧了他家的房子，放水淹没了他的住室，大肆搜捕他的亲属和同党，杀得一干二净（中军进据七坊，擒贼妻孥，焚其庐，沼其宫，搜戮其亲族党与无噍类）。

朝廷更替，皇帝轮流"坐庄"，"兴，百姓苦；亡，百姓苦"，诚哉！

我突发奇想，如果湛钺与符南蛇调换角色，湛钺是那个不堪压迫、奋而举事的黎族人，符南蛇是征讨他的朝廷悍将，又将如何呢？也许，所谓的历史，就是上天派定的角色在时空大舞台的表演吧。

沈知府五百年遗德泽人

古代从雷州、廉州到交趾，都是南珠产地。在雷州、廉州任职的官员都与珍珠有着这样那样的"瓜葛"。

南珠像一面镜子，能照出官员是浊是清，是邪是正。

明朝还有一位知府像李逊一样，因为珍珠，跟太监进行了不可调和的尖锐斗争。

他叫沈纶，浙江仁和人，明正德年间到廉州任职。

有明一代，太监左右朝政为害最烈，"'太'名鼎鼎"的恶太监刘瑾就得势于正德年间。可以想象，那些派往地方监督珍珠采收和交易的太监气焰有多嚣张。

正如万历年间廉州知府林兆珂诗中所说的，"内史自称皇爪牙"。太监以皇帝爪牙自居，凌驾于地方官之上，随意增税加赋，抽调钱粮，分派夫役，利用特权敛财。

一些地痞流氓向太监行贿，就能获得他们授予的"指挥千户"的职务，他们胡作非为，百姓苦不堪言。

（"自从命内官监守珠池，雷廉始大困"，"两郡之民惴惴然眠针枕刃"。）

不仅百姓受苦，地方官也受罪。

朝廷原本有规定，"市舶、珠池太监各专职任，不许干预地方事务"，但这些派驻各地的太监，手握重权，驻地又

122

天高皇帝远，这规定成为一纸空文。他们越俎代庖揽办官府事务，与地方官摩擦冲突不断。

成化年间，总镇太监甚至要求皇帝授予兵权，在高、肇、琼、廉四府剿寇，皇帝居然许之。

嘉靖年间，珠池内官自行处理"盗珠案"，将当事人活活打死。

正德十四年（1519年），因雷州珠池太监赵兰打死富民之子陈应魁，还闹出民变来。

沈纶任知府时，廉州的采珠太监姓韦名辅，与李凤、李敬都是上了史书的"坏水钦差"。当时一些珠民迫于生计，冒险到珠池盗采珍珠，被抓后，韦辅手下自行处置珠民，并向他们勒索钱物，交不出的就要受毒打、坐牢。

沈纶据理与韦辅交涉，强硬要求其将犯人交出由地方处理。

韦辅手下恃势不服，沈纶"打狗不看主人"，喝令府兵将他们统统绑起，带回府衙打板子后关进牢房。

一物降一物，糯米治木虱。沈纶把韦辅手下一顿修理，也许是对方实在理亏，过后也没见来找茬。

沈纶任廉州知府三年，当地流传着他离任时发生的一件奇事：

当时廉州府的官绅及百姓夹道相送，到了驿亭处，突然间天昏地暗，狂风骤作，大雨如注。

沈纶心想，上任之日，官绅到此接自己时风和日丽，为官几年并未做过半点亏心事，为何离任之日，苍天这样怒我？

他责问夫人及僮仆是否收受了别人的钱物。

夫人从怀里拿出一颗珍珠，跪在沈纶面前说："前几天老爷不在，有几个珠民送来上等珍珠，一定要我代老爷收下他们的心意。我不收他们就不肯离府，我只好收下了这颗珍珠，怕老爷责骂，不敢禀报。"沈纶接过珍珠，叹了一口气："知夫莫若妇，偏偏是你坏了我的清名。"他奋臂而投，将珍珠丢到荒草丛中。

霎时间，雨止风收，天气转晴。

沈纶扔珍珠的地方，就是合浦的"还珠岭"（因这件事而得名）。

这个故事有着浓厚的神话色彩，应该是廉州百姓出于对沈纶的爱戴演义而来。

沈纶在廉州任职时，做了很多造福一方的好事，比如疏浚西门江口，兴办学堂。很少人知道，现在被列为全国重点文物保护单位的"惠爱桥"的前身就是沈纶主持修建的西门桥。

那里原是廉州府城西的渡口，民众靠船只往来，十分不便。

沈纶上任后，拨出银两修了一座木桥。府城西门外是秋天斩决犯人的地方，修了西门桥后，行人出入，商旅往来，人们忌讳的"煞气"也烟消云散。

沈纶离任后，廉州绅民建了一个"爱民亭"，以表达对沈纶的追思。

修桥铺路，从来都是积聚功德的善事。人们把"弃珠"的传说附会到沈纶身上，可见修桥一事，在民众心目中是多么大的一种功德。史书记载沈纶所修书院的池塘里长出灵芝，过去曾建有一个"瑞芝亭"。

时光倥偬，数百年后，已没有多少人知道沈纶的遗德，甚至因为不通句读，不少文章、书籍根据史料中的"沈纶仁和人"，把"沈纶"错写成"沈纶仁"，惜乎。

一个媲美悬梁刺股的灵山人

有人为了"哄"人读书，极力兜售"读书快乐"的理念。但如果是指学科教育的读书，就算不考试，从古到今也从来没有快乐一说。

想想历史上那些刻苦读书的故事，悬梁刺股、凿壁偷光、囊萤映雪……有哪一个是快乐的？

代入一下，不是将头发绑在屋梁上，就是用锥子扎大腿；要不就是在墙壁掏洞借光；最轻松的，也要先攒满一纱袋的萤火虫，或者在大雪天借着雪光看书，这会快乐吗？

还是古人直率，他们会说"吃得苦中苦，方为人上人""十年寒窗无人问，一举成名天下知"，告诉你世界上没有不栽树就能乘凉的道理。

明嘉靖年间，廉州府灵山县也有一个刻苦读书的典型。

他姓莫，名如勤。不知这名字是否因为那句"非德，莫如勤"的圣训而来。莫如勤从小就立志要出人头地，他读书的刻苦程度，丝毫不比悬梁刺股逊色。

灵山县有座六峰山，山高险峻。莫如勤为了能专心读书，专门爬上六峰山，找到一个石洞，躲在里头做"洞仙"。

史书称他"于险绝处筑室读书"，筑没筑室无需考究，但他躲到人迹罕至的地方苦读，应该是真有其事。

人是铁，饭是钢，三天不食呜呼亡。读书废寝忘食者有之，但不可能"废寝不食"。莫如勤每天用绳子将竹箩垂到山下，让家人把饭菜放到里头再吊回山洞。想到一个词语，莫如勤这般刻苦读书，是否可以称为"缒绳穴读"？

功夫不负有心人，莫如勤学有所成，发奋攻读的他终于获得推荐入读国子监。

嘉靖十二年（1533年）十二月，作为国子监的学生，莫如勤休学在家，其间发生了一件大事：

一伙盗贼翻越城墙闯入灵山县衙门仓库，守卫的百户邵经和七名民兵寡不敌众被杀害，盗贼将仓库洗劫一空，打开长春门呼啸而去。

莫如勤叮嘱儿子莫汝贤暗中跟随逃跑的强盗，自己带着兵士随后赶来。他们一直追到了百里开外的永淳县下南乡，抓获杜得胜等五名盗贼。

永淳县是明初设立的县，分别与横州（今横州市）、宾州（今宾阳县）和灵山县交界，历史上先后划归浔州府、南宁府和横州管辖。

他们将杜得胜等连夜押送海北道，审出盗贼头目严景朝的住处。官兵突然袭击，将严景朝等十多人抓获，送到廉州驻军处死。

莫如勤因为捕贼有功，被任命为平和知县。平和县为明正德十三年（1518年）所置，取"寇平而人和"之意。

当了县太爷的莫如勤为官清廉，离任回家时两袖清风，囊中空空。可惜后来儿子先他去世，家中香火就此断了。

迎来送往，他每人送一双草鞋

苏东坡在黄州春游时遭遇大雨，淋成落汤鸡，诗兴大发，填了阕《定风波》：

莫听穿林打叶声，何妨吟啸且徐行。竹杖芒鞋轻胜马，谁怕？一蓑烟雨任平生。

料峭春风吹酒醒，微冷，山头斜照却相迎。回首向来萧瑟处，归去，也无风雨也无晴。

穿着芒鞋，拄着竹杖，走起路跟骑马一样轻快；有了这一身蓑衣，可以风雨无阻，无所畏惧。

经历了"乌台诗案"的苏东坡如此"乐活"，果然是一个"无可救药"的乐天派。

词里的"芒鞋"，即草鞋，是游方和尚的标配，属于典型的"佛系"用品。

古人穿的鞋子，用材有草，有布，有皮革，还有用木头作底的，如李白诗中所说登山用的"谢公屐"。

苏东坡禅心佛性，和尚穿的草鞋，成为他的喜爱之物。

"芒鞋青竹杖，自挂百钱游""芒鞋竹杖自轻软，蒲荐松床亦香滑""芒鞋不踏利名场，一叶虚舟寄渺茫"……芒鞋成为苏东坡诗词中的"常客"。

之所以提及草鞋，是因为在《廉州府志》中看到了一位"草鞋主簿"。

此人姓陈名逅，江苏常熟人。考中进士后，先是担任福建福清知县，后被提拔到都察院担任御史，相当于"中纪委＋监察部＋审计署"的处级干部。

在嘉靖皇帝登基后引发的"大礼议案"中，陈逅对以小宗继位的嘉靖皇帝将生身父亲追认为皇帝供奉太庙唱反调，以言获罪，被贬到廉州府合浦县任主簿。

这一跤摔得好惨！从繁华京师的朝官，发落到荒天僻地的合浦当一个县衙的主簿，相当于县长的"办公室主任"，排到了"副县长"（县丞）后面。

但陈逅没什么挫折感。他似乎早就想好自己该干什么了，报到后不久就着手在廉州建了一个海天书屋，作为在廉州开坛讲学，给当地读书人布道传经的场所。（至即辟海天书屋，以为课习廉士之所。）

异地为官的陈逅有这种想法一点不奇怪。明朝理学风行，涌现出各种流派,有别于为科举考试而读书的官办县学府学，"民办书院"如雨后春笋，有名望的读书人纷纷在各地书院担任"山长"，收徒讲学，"六经注我"，宣讲自己的学问主张。

当时两广的少数民族造反，总督姚镆"搞不掂"（没办法妥善解决），嘉靖皇帝只好请大名鼎鼎的思想家、文学家、教育家、军事家王阳明重新出山。

王阳明既要破"山中贼"，更要破"心中贼"。他知道陈逅对传统理学有研究，对自己"格物致知"的心学有认同，下了一道政令，要他到廉州府下的灵山县开坛讲学。

灵山县位于广西的六万大山和十万大山交汇处，层峦叠嶂，历史上土匪十分猖獗，劫道剪径、杀人越货的情况层出不穷。

陈逅没有丝毫犹豫，背着简单的行囊，穿着草鞋往来于合浦与灵山之间。

陈逅讲授的东西，与冲着科举考试背诵的四书五经不同，他结合实际，宣讲义理和道德修养，别开生面。

由于课讲得好，不少读书人都前来听讲（土多归之）。

王阳明对陈逅的讲学十分满意。为了不让他跑来跑去，不久又下文让他"兼任灵山县县长"（兼署灵山事），待讲学结束再交还印信。

县长亲自讲课，这样一来，陈逅的号召力更大了，把邻县的人都吸引过来。

陈逅考虑到童生秀才要参加科举考试，讲课时对必考的经书也进行了讲解，并出题让学生作答。参加科举考试的人走后，他也不停课，继续给其他人开讲。

虽然陈逅是奉王阳明之命来讲学，还兼任县长，但是他并没有借机立个什么项，跟王阳明要一笔专项经费，而是各种开支能省就省，从不借此牟利。

身为地方官，经常要接待上头来的人，迎来送往，都要送土特产。陈逅很有意思，他给所有来的客人，每人送一双当地产的草鞋。

草鞋其实是很有内涵的。刘备的儿子刘禅、那个因乐不

思蜀得名"安乐公"的阿斗死后，司马炎在他墓中放了一双草鞋，讽刺他丢了他爹当年穿着草鞋打下的江山。

陈逅后来重新获得任用，被提拔为江西新余县知县。他在新余县仍然保持艰苦朴素过紧日子的作风，从新余县离任时，两袖清风，行囊里空空如也。

但他的官运却不好。后来当了河南转运副使——相当于省里负责赋役和粮食、食盐调度的"交通运输厅副厅长"。嘉靖皇帝到其出生地湖北安陆承天府视察，要求各地调配物资，陈逅因为未能及时把物品备齐，被追究责任，判刑入狱，削职为民。

得到王阳明赏识，陈逅的学问自然不差。他更有士大夫的耿介之气。

史书上说他留有诗文为后人传诵。我查到陈逅为一位姓张的烈女写过一首诗："雁叫碧天秋耿耿，雄经长夜月漫漫。柏舟风操无今古，为托哀吟与稗官。"

说实话，这首诗真的不怎么样，有一股"怪味"。他一方面同情孀居的张氏在归雁声声、漫漫长夜的守寡之苦，另一方面又夸赞她"烈女不更二夫"的坚贞气节古今罕见，希望写史的人能把她的不幸遭遇记录下来，传之后世。

陈逅关于妇女贞节的思想无疑是腐朽的，但人性又让他对当事人不无同情。在诗中，人们看到一个理学名儒"学"与"思"的纠结。

臧否人物，评点史事，应放在"历史场景"中。我们不必苛求几百年前的古人，陈逅的贞操观丝毫无损于他在合浦留下的"草鞋主簿"的清名。

林富——与南珠同辉的名字

廉州合浦的志书中明朝的清官最多，与珍珠有关且排在第一位的应该算林富。

林富是福建莆田人，担任"最高法院法官"（大理寺评事）时因得罪大太监刘瑾，受到"罚米一百斗、撤销职务"的处分，还先被打板子后坐牢，直到刘瑾被处死后他才获得平反。

嘉靖八年（1529 年），复出后刚上任广东巡抚四个月的林富遇到一件棘手事：奉旨到广东采珠。

说起来林富真是与珍珠有缘。

他有个祖宗叫林藻，是唐朝文学家和书法家。唐朝讲究文章取士，林藻参加科举考试，以一篇《珠还合浦赋》金榜题名，中了进士，名震士林，后来官至"岭南军分区副司令"（节度副使）。

但林富这趟莅临珠乡，却没有心思对自己的祖先发思古之幽情，相反满腹烦恼。他极不愿意领这个差事。

就在这次采珠之前三年——嘉靖五年（1526 年），皇帝曾下诏采珠。两广地方官花了数月工夫，组织了万人大军、几百艘船，折腾了三四个月，只采到八十两珍珠，却花掉了九千三百多两银子，三十名军士壮夫病故，十七人溺死，四艘采珠船被风浪打沉，六艘失踪，二十六艘损坏。说是"人命换珠"，一点也不夸张。

而林富到廉州坐镇监采时，两广正发生灾荒，高州歉收，惠州、潮州、梧州大水，好几个地方的饥民生事。

除了采珠，既要赈灾，又要平乱，林富忙得"晕陀陀"（晕头转向）。采珠固然让他焦头烂额，但更令他忧心忡忡的是百姓的生计雪上加霜。

十一月是采珠季节，他一直拖着没开工，捱到当年十二月，林富思来想去，给嘉靖皇帝打了一份报告。

在这份名为《乞罢采珠疏》的报告中，他列举了不应采珠的三大理由：

其一是"于理不可"。珍珠这种东西，饥不能食，寒不能衣，有可以用，没有就算了，不应视异物为贵，否则重此轻彼，这叫"以无益损有益"。

其二是"于势不可"。珍珠已几番采捕，未能休养生息，采到的珍珠既嫩又小。三年前是"人命换珠"，现在再采只怕是用人命也换不来珍珠。

其三是"于时不可"。广西盗贼蜂起，田园荒废，仓空库缺，官军粮饷靠广东供应，饥民待哺，采珠是"民愈穷而敛愈急"，闹出事来可不是玩的（意外之变，难保必无）。

林富还举了两个例子：汉顺帝拒绝桂阳太守文砻献大珠；元仁宗批评侍从向自己推荐珍珠，声称"不喜欢这些东西，珠玑都是生民膏血"。

敢提意见的人有，会提意见的人少。林富进的是诤言，话却说得很得体。他对嘉靖皇帝说："这两位都是平庸的君主，他们这样做，我不敢说他们做得不对；陛下是聪明、睿智、仁孝、恭俭之主，您要是坚持采珠，我也不敢说您就做得对。"

他建议再等几年，待珠贝成熟，百姓的饥荒日子缓解下来，再采珠也不迟（俟数年，池蚌渐老，民困少苏，徐取而用之）。

这份动之以情、言之有理的奏折，打动了嘉靖皇帝，他朱笔一挥"准奏"。

林富明白，光禁止"和尚化缘"并不是办法，釜底抽薪还得"拆庙"。

嘉靖九年（1530 年）十月，他再次上书，要求撤销常驻地方的珠池太监和市舶太监。

他给皇帝算了一笔账：珠池十多年才开采一次，每年珠池太监的供养费达千金之多，十年后还不知道能采到多少珍珠。这些珠池太监以采珠为借口，为非作歹，害处数不胜数。如果让他们卷铺盖走人，百姓得益，边陲也得到安宁。

嘉靖皇帝这回却犹豫了。林富说的虽有道理，但"拆庙"裁人，连"编制"也要撤，这会动到太监的根本利益，太监是皇帝的拐杖，他不想轻动。

一直拖到嘉靖十一年（1532 年）五月，广东巡按林有孚上疏，重申了林富的意见，力陈派太监镇守珠池之害；"国防部部长"（兵部尚书）李承勋复议，圣眷正隆的大学士张璁也竭力支持。

嘉靖皇帝终于下决心撤掉内官镇守地方的机构，将珠池太监、市舶太监召回。

历朝历代的珠贡劳民伤财，明朝采珠最为频繁，从开国皇帝朱元璋洪武元年（1368 年）到万历三十七年（1609 年），下采珠诏达十五次。

林富敢逆龙鳞，上疏罢采，对廉州珠民简直是一种"生死肉骨"的大功德。

万历十八年（1590 年），林富的孙子林兆珂也到廉州任知府，发现当地民众对乃祖念念不忘，给林富祭祀烧香，称颂林富的德政（廉人至今尸祝之，咸诵先大父之德不衰）。

"政声人去后，闾阎说短长"，为官如此，夫复何求！

一位"低情商"高官

　　这位高官叫张岳，生于五百多年前的明弘治年间。

　　张岳曾经当过廉州知府。他任廉州知府并不是升官，而是得罪了首辅张璁，被贬到廉州。

　　张璁当时是朝廷重臣，因为"站对了队"，帮助嘉靖皇帝在"大礼议案"中斗败了老宰相杨廷和，圣眷正隆，深得嘉靖皇帝青睐。

　　张岳得罪张璁是由于"多嘴"。

　　前任正德皇帝没有儿子，嘉靖皇帝与正德皇帝是同祖父的堂兄弟，嘉靖皇帝当皇帝是"另起一行"（宗族更替），他将自己亲爹的牌位放入太庙，追认他为"先皇"。张璁提出把今上他爹这一宗所出都列名太庙。

　　没有人不想讨好皇帝，又是重臣主张，大家自然一致赞成。

　　张岳当时是负责祭礼的官员，觉得这样不妥，跑去找"文教部部长"（礼部尚书）李时，出了个主意：摆个皇帝老爹的牌位就行了，其他人不必都放进去。

　　书上说李时听了这主意"大喜"，他转头报告给张璁，张璁却不以为然。

　　但偏偏这一回嘉靖皇帝没听张璁的，而是采纳了张岳的意见。

张璁很不爽。他其实也算个能官，毛病是心胸有些狭隘，自己讨皇帝欢心，却被张岳乱出主意搅黄了，心想，你小子竟敢比领导高明。

他找了个理由将张岳逐出京师。张岳先是到广西当了"教育厅厅长助理"（提学佥事），几经转折，才到了廉州当知府。

当时正是合浦珠禁最严苛的时期。之前嘉靖皇帝两次下诏合浦珠池采珠，都所获无几，于是降旨封禁珠池，不许做任何珍珠交易。

法出如山，但如果一项法令太过苛刻，推行起来就会打折扣。

一方面，这项苛法使得很多珠民的生计没了着落，他们只好冒险到珠池盗采珍珠，这样一来就给了官吏寻租的机会。

当时廉州乌烟瘴气，史书称*"百治倾颓，公私玩愒物产"*。官吏垂涎珍珠，可以说是"无吏不弊"，各种中饱私囊的情形不需要太多想象力，反正"太阳底下没有新鲜事"。

另一方面，民众冒着危险盗采珍珠，不是死于风浪，就是死于牢狱（*海民盗珠，没风波，殒刑狱*），整个社会真不是一个"乱"字了得。

张岳思量再三，祭出了"三板斧"：

第一招，刀刃朝内。从吏治开刀，严禁官吏到民间索珠。

第二招，严禁盗珠（*乃设为厉禁，使民不敢犯*）。同时追珠入库，私入珠池采得的珍珠以官价收购，下不为例，对以盗珠为业的人严惩不贷。

第三招，招盗抚匪。派人广贴招募告示，将这些作奸犯科的人收容起来，发放器械粮食，集中训练后巡边防倭，维护治安。

张岳的公堂屏风上挂着两幅条幅，一幅是"劝公莫用半点私"，另一幅是"劝公莫用半点术"，以此自警。

他还特别跟家人"约法三章"，不得过问、参与和珍珠有关的任何事情。

这三招一下，药到病除，廉州的治安状况很快好了起来。

但光是禁止并非良治，张岳主张"必先去所以痛民者，而讲求利术以休养之"，一句话，要发展群众利益，就要为珠民的生计找到根本出路。

张岳是个农业专家，清人笔记中有个故事：张岳后来当了两广总督后回家，还亲自下地犁田。一到廉州他就走"群众路线"，访贫问苦（下车初，辄求民瘼），废弃各种"乱收费"的规定，规范税赋（凡苛条积蠹，汰而去之；其赋役里甲，莫不调停规正）。

张岳了解到珠民之所以冒死到珠池盗珠，是因为水利不修，每遇旱灾、水灾，百姓到处逃荒（一旱、雨，则十室九空）。

张岳于是"广为陂池，教民稼穑"，修筑堤坝，开挖池塘，教导珠民开荒种地。他在廉州四年，共修建八项水利工程，不少旱地变成水田，灌溉的农田不下数千亩。（田畴之种，开于公者十常八九。）

身藏长技的知府大人还亲自教大家用吊桶汲水和车戽浇田。当时合浦在册人口两万多，珠民有田可耕，有粮可收，逐渐安居乐业。（民得就业者不啻万计。）

他还大力兴办圩市促进商贸，减轻市集的官租，使得廉州商贾云集，货物流通，还在驿路的险要处设立营垒，派兵士保护行旅畅通。

他按照自己一向"兴文教，正礼俗"的理念，重点抓"精神文明"建设，任内建了至今尚存遗迹的合浦学宫，还深入距郡城两百里外的山口镇梁村，考察了闯入贼窝、以身赎母的孝子郑旼的事迹，主持建起了一座孝子祠。

在廉州任知府的张岳还干了一件本职工作以外的大事。

当时安南作为藩属国，很久没有进贡，原因是军阀莫登庸拥兵自重，诛杀黎氏皇帝成立了莫朝。朝廷内一致要求发兵讨伐。

张岳深知战端一开，受苦的就是百姓（大惧殃民）。

他身在廉州，心怀天下，先后给总督张经、"国防部部长"（兵部尚书）毛伯温写信，"独言用兵之害"，力陈莫轻启战端，应以劝抚为主。他还亲自前往安南劝说莫登庸入贡请封。

莫登庸签下和议后掷笔长叹："天朝只有一个张廉州不想灭我莫族。"直到张岳调离时，莫登庸还惴惴不安探听他要调到哪里，感激他使安南免于兵燹的恩德。（往张廉州安在？是欲以恩信抚我，何可忘于是。）

张岳在廉州干了三年，离任时夫人抱怨在"珍珠之乡"几年没见过珍珠的样子。张岳这才专门从府库借出珍珠，给夫人看过后马上交还。

廉能生威。正是在张岳的影响下，廉州府一时弊绝风清，既没有人敢偷珠，更没有官吏敢索珠。

张岳调离廉州时，写了一份"述职报告"，称自己在廉州为官三年，没有拿过一颗珠子，以先贤倡行耕读为家为榜样，问心无愧（召莅廉三载，不持一珠，仿汉吏教民耕读，庶几无愧）。

张岳有句名言："必使吏常劳而民常逸。"在他的治理下，颇有些"官不聊生"的况味。后来任两广总督兼巡抚时，他也给"州县吏"立规："非召不得至辕门；至，不得手一持入内。"

在一些人眼里，张岳实在是一个"憨官"，情商欠缺，一喜欢揽事，二不讨好上司，三不吸取教训。

他考中进士刚升职不久，曾因为劝阻明武宗南巡，被打了三十板子，并被罚在午门外跪晒了五日，差点没"挂掉"。

旧时官场有"无根吏"的说法，意思是当官要找后台，张岳却从不去讨好上司。平定大藤峡民乱，张岳立了大功，首辅张璁说"张净峰（张岳字）在广，不能一根香予我"，本来应该升职的，却只给他加了一级工资。

张岳甚至被张璁踢出京师，贬为"广西教育厅厅长助理"（提学佥事），后来张璁开恩，调他到江西任"教育厅厅长"（提学），他不说半个"谢"字。气得张璁最后将他贬到了廉州。

他还得罪过另外两个首辅，夏言和严嵩，是名副其实的"不识'相'"。

他任江西巡抚时，首辅夏言要修自己的生冢（活人墓），有人提出每县送一千两银子。

张岳说："我顶多给一百两棺材钱。"

严嵩要在老家修一座对皇帝感恩戴德的"延恩阁"，嘉靖皇帝已经批了，要江西各府各出一万两银子，张岳只同意拨付一千两，后来追加了五百两。

张岳给了钱，却不识时务地写了一封信"提醒"严嵩，灾荒当头，不要大兴土木加重乡民负担。

严嵩假惺惺地把五百两银子退还，张岳照单收下。

手下被张岳的"不开窍"吓坏了，张岳却表示无所谓，声称"严嵩要为这个搞死我，不过一张马皮裹尸罢了"。

明朝严嵩父子炙手可热，史书记载"是时货赂公行，相门如市，岳独空书以往"，但张岳终生毛都没送一根（不与一缕）。

时人评价，严氏擅政二十年，作为督抚，只有张岳一个人没送过钱，守住了清名令誉。

张岳六十一岁在沅州知府的任上去世，"在沅五年，从不取沅人一物"。

死时州官来办理后事，看到他的衣服、床和席子都是破的，非常惊讶："怎么会是这个样子（公简俭一至此耶）！"

明朝是著名的"低薪制"，官员薪水很少，当官就是一个"饭碗"。那时有"避籍"制度，都是异地做官，因此流传下来"千里做官为吃穿"的俗谚。

多数官员的收入靠"旁门左道"，尽管自朱元璋起严厉肃贪，每个县衙门内都立有用稻草塞进贪官人皮做的"人偶"，但贪墨之风屡禁不止。

张岳可是大官，除了知府，他还当过两广和湘、川、贵总督和兵部侍郎、右都御史，是足赤纯金的"高级领导干部"，一点"体己"的想法都没有，更加不易。

张岳称自己不标新立异，不玩弄权术，不搞私人关系，以身作则，笃行仁爱（不立异，不假术，不植私，正己驭吏，笃道爱民）。这种信念从哪里来？

第一无疑是家教。张岳是"官四代"，他的曾祖父当过"副县长"（县丞），祖父和父亲当过"县长"（知县），母亲虽然不识字，去世时却留下"必读书，守礼法，为善人"的训诫。

第二应该就是读书。《明史》说张岳"博览，工文章，经术湛深"，他甚至不把当时的心学泰斗王阳明放在眼里，专程跑到浙江王阳明的住处去"踢馆"。两人激辩了三天，谁也没把对方说服。王阳明称赞张岳："子亦一时豪杰，可畏也！"

恐怕也只有这种"傻劲"，才让张岳成为这种青史留名的"憨官"。

合浦县学的"漂木"奇事

都说岁月是把杀猪刀，我觉得它更像搅拌机。在汉朝时就成为郡治的北海市合浦县，现在已经很难找到一座超过三百年的老建筑。时间将它们搅成了断墙残垣，很多已经归于泥土。

但合浦县城还有两个大成殿，它们穿过几百年的时光隧道后，仍巍然立在原处。

它们一个属于明朝的合浦县学，一个属于同时期的廉州府学。

它们的"年龄"已经超过四百八十岁，都与嘉靖年间廉州知府张岳有关。

说到合浦和廉州，除了人们知道的东汉的孟尝、宋朝的苏东坡，其实还有明朝的张岳最不应被遗忘。

一来他是高官，"入仕四十年，开府四镇，总督七省，功业彪炳"。

二来他是大儒，写就无数的著作，学问深厚。

三来其气节人格堪称"完人"，是与清朝曾国藩一样的立德立功立言的圣贤。

从他去世后的待遇也能看出这一点。

张岳仕途坎坷，鞠躬尽瘁于被贬的沅州知府五品官的任上。他去世后一年，川黔湘三省都给朝廷打报告，"颂岳功勋"，明显有为他鸣不平的味道。

因为"干部群众"的强烈愿望，朝廷追认他为正二品的"监察部副部长"（右都御史），追赠"太子少保"头衔，还授予"襄惠"的"光荣称号"（谥号）。皇帝专门批准修建张岳墓，首辅徐阶亲自撰写了墓志铭。

张岳当廉州知府是京官贬任外放。嘉靖十四年（1535年）八月，得罪首辅张璁的他被发落到这个"濒海为郡，士气少振"的地方。

初来乍到，张岳认为"百年大计，教育为本"，"改变廉州落后的教育面貌"成为他念兹在兹、矢志不渝的事业。

张岳治廉，称得上是位"教育知府"。

他认为教育人最早的是学校，学问最大的是圣贤，人们喜欢玩"套路"，并非天生是坏人，只是理想信念出了偏差（盖教莫先于庠序，道莫备于贤圣，今之士操术，非不正也，志有不端）。学校不只是教书的场所，还是使学生树立正确人生观、价值观的地方。

当时廉州教育的"硬件"不是一般的差。合浦县学与廉州府学在一起，地势低洼潮湿，破败不堪，荒草丛生，老师和学生不堪忍受（地位垫湿，堂殿倾圮，号舍鞠为茂草，官师子弟殊弗堪）。

明朝府辖州、县，州、县的事都是知府之责。

张岳上任伊始就动了迁建府学、县学的念头，但府库空空。廉州府本来就"极荒濒海，土瘠民贫"，张岳到任之前，苛捐杂税弄得百业萧条，民众日子都快过不下去了。

接手这样一个烂摊子，张岳是无从选择，但廉州百姓却视之为皇恩雨露，把张岳当成皇帝派来救苦拔难、拯救苍生的"活菩萨"。（圣皇御极，悯念元元，爰令我公作民师。）

"逾年，政通人和"，张岳上任一年，各项工作初见成效，迁建县学提上议事日程，他在城南找到了一块地皮。

张岳颇有点民主作风，拟了文件让"有关部门"会签，明确表示费用由府里负责，不用他们出钱。

县学迁建于嘉靖十五年（1536年），十月动工，施工过程中发生了一件奇事：

按相关规定，凡府县学堂必须配套有祭祀孔子的大成殿，建大成殿需要大木头。

张岳在大廉山脚举行了隆重的"开工"仪式，祭告山神，派人进山伐木。

伐木工人把大树伐倒后，将一根根木头从山里搬到河畔海边，用船运到廉州，周折多，路途远，真不是一个"难"字可以形容的。

（乃祭告山川之神，动众伐木于大廉山中，桴载海运，厥唯艰哉。）

所有人都着急：这样蚂蚁搬家，猴年马月才能把木头凑齐？

腊月（十二月）癸巳日半夜，突然狂风大作。天亮后人们惊讶地发现，西门江入海口漂满木头，数了数，一共一百六十多根。一个多月后，再次漂来六十根大木头。

廉州府全城轰动。

一些过来人说，从太祖朱元璋、成祖朱棣到现在，一百七十多年没有见过这种奇事，一定是知府大人赤诚感天，老天爷出手相助。

有些"脑洞"大的说法更为玄虚：廉州与潮州不远，韩愈当年在潮州当太守，因为心诚感动得乌云消散，写了《祭鳄鱼文》让鳄鱼乖乖搬家，咱们廉州张知府就是韩愈再生。

大家越传越离谱，张岳成了"观音降世""菩萨重生"。

面对一片谀辞如花，换成别人早就顺竿而上装神弄鬼了，但张岳一点也"不感冒"（不感兴趣），还专门把人找来辟谣——"这些木头漂来跟我一点关系也没有，我有何德行能感动青天老爷，又有何功绩能跟韩愈相比（漂木之来偶然耳，吾何修而敢谓格天，何功而望昌黎哉）。"

被抬得高自然心情爽，但他显然明白抬得高摔得也惨。

张岳的这份谦虚，让大家更加觉得可钦可敬。男女老少踊跃投工投劳，争先恐后，没用几个月就完成了县学搬迁重建。

府志记载：合浦县学建成房子四十二间，围墙一百五十二丈，前面挖有泮池，后面有几丈高的假山，成为当时合浦县最漂亮的建筑，大家都称之为"泮官"。

合浦建县学"漂木"一事，事出蹊跷，但并非稗官野史所载，而出自明朝"国防部部长"（兵部尚书）秦金的《合浦县建学记》。

我猜可能是因为工程浩大，建成后人们不敢相信是人力可为，臆想有老天爷帮了忙，就像挖山不止的愚公感动了天帝，帮助他搬掉太行、王屋二山。

除了建县学，张岳在廉州还搞了一个更大的教育项目：

搬迁府学。

廉州府学原在廉州城东北角，"地势洿下，土气弗舒"。任职第三年，张岳与"副手"（同知）朱同蓁、"检察长"（节推）王良弼等商量，打算把府学与城南地势高峻的元妙观易地而建。

明朝儒学地位崇高，教育有点类似"双重领导"，地方官对教育事宜并不能完全"话事"（决定），张岳指示"教育局负责人"（训导）廖景春、朱衮抓紧请示朝廷提学官，估计也没少亲自出马与"当路"（掌权人）沟通。

嘉靖十七年（1538 年）八月，廉州府学迁建工程正式动工。

张岳决心建一间最好的府学，严格按照标准规划相关设施，功能一个也不能少：棂星门、礼门、大成殿、东西庑廊、泮池、明伦堂、乐舞台、东西斋、仪门、崇圣祠、名宦祠、乡贤祠、教授署、宰牲所、围墙，围墙外的大路上还有一个文明坊。

张岳每日流连工地，亲自监工督活，工程按部就班推进时，他忽然接到了朝廷一纸调令：提拔他为浙江总督学。（功未告成，而张公擢浙江学宪以去。）

廉州人心里怦怦怦直打鼓：这么大一个工程，会不会成为"半拉子工程"？

他们实在幸运。一任好官走了，来的还是一任好官。

接任张岳的知府名叫陈健，福建同安人。他没有觉得这是前任定的事，自己要"另起一行"（重新谋划）来显示政绩，相反倍加发力，翌年十二月府学迁建工程告竣。（代者同安陈公健益加惢，致以终厥事，次年冬腊月落成。）

这位陈健知府官品好，情商也高。项目竣工之后，专门派一名叫吴祯的手下找到张岳，请他就府学迁建写一篇记事。

廉州府学曾是"岭南四大孔庙"之一，规模宏大，格局俨然。几百年风刀雨箭，府学的大成殿、崇圣祠和县学的大成殿还巍然矗立，向人们讲述着廉州往事。

里面既有张岳为造福一方打基础、谋长远"功成不必在我"的谋划和胸襟，也有后任陈健"一棒接着一棒干、一张蓝图干到底"的官品官德。

张开想象的翅膀，历史其实挺有意思。

一代名儒被诬美女"揽颈抱头"

　　廉州地处岭南,在京师眼里是遐荒万里的瘴疠之地,一向是朝廷贬官的去处。

　　明朝廉州府那些流芳后世的官员,不少也是因言因事被贬谪至此。

　　他们在这边海僻地,劝农励学,保境安民,以清廉自许,成为尽忠履职的能臣良吏,全然没有仕途摔了跟斗,政治前途已经完蛋的想法,更没有因此而一蹶不起、自暴自弃,这是个颇值得探究的现象。

　　在廉州府及辖下钦州、合浦、灵山的州县任官中,曾有两位大儒级人物,除了张岳,另一位叫林希元。巧的是两位都是福建人。

　　明朝廉州府福建、江西籍的官员特别多。康熙版《廉州府志·名宦志》立传的八十九位廉州府及州、县的任官,其中福建籍有十八位,超过百分之二十。

　　这属于"不完全统计",毕竟不是所有的任官都能上书入志,比如以《乞罢采珠疏》留名的两广都御史林富,他当时是到合浦监采珍珠"兼摄雷廉",属于钦差身份,并没有在廉州府任职。他的孙子林兆珂万历年间担任廉州知府,但府志中未见记载。

如此多的福建人在廉州当官，一来固然是福建人才辈出，二来可能是闽粤毗邻，风土人情相近，朝廷在人事安排上有所考虑。

还有一个有趣的现象，廉州府、州、县的福建籍官员，林姓的不少，如由"教育局局长"（训导）逆袭"军区副司令"（指挥副史）的林锦；以府学"校长"（掌教）之职，越级擢任嘉靖皇帝出生地"特别行政区"（承天府）知府的林建邦。

福建号称"陈林半天下，黄郑排满街"，林氏是福建第二大姓，其耕读传家的传统不是一般的深厚。

林希元跟林锦、林建邦一样，也是教书匠出身。

他家境贫寒，考上秀才后在私塾教了九年书才参加科举考试，中进士后被派到岭南督学，代表朝廷督察地方教育工作。

林希元督学之余，一心想着"国之大者"。

嘉靖皇帝登基，他上了一道《新政八要疏》，历数明武宗时代的各种弊端，提出一系列新政设想，其中一条就是不要再派太监到各省镇守。

登基伊始的嘉靖皇帝雄心勃勃，还没有堕落成后来迷信方术、沉迷斋醮的荒唐天子，有意重振朝纲。林希元的折子正中其下怀。他欣然采纳，不久把林希元提拔为"最高法院法官"（大理寺评事）。

林希元喜欢提意见，但并不是"以言邀宠干禄"之人。刚被提拔不久，他就上书揭露宦官无法无天，搜刮财物，贿赂公行，"纵鹰犬以鱼肉吾民"。这话太过逆耳，很难被上峰认为具有"建设性"，林希元被勒令解职回家。好在他人品好，不少人替他求情，不久得以复职。

但林希元"死性不改"，回到大理寺后，居然"嚣张"到连上司也不放在眼里。

嘉靖二年（1523年），有人揭发"监察官"（南道御史）谭鲁包庇充军的罪犯，谭鲁四处托人向经办的林希元求情，理所当然地被拒绝后，直接找到了"最高法院院长"（大理寺卿）陈琳。

陈琳交代林希元"此案算了"，林希元却不肯买上司的账。林希元以"忤逆寺卿"遭到弹劾，被发落去了安徽的"泗州法院"。

人有本事，天也盖不住。林希元到泗州上任，当地遭遇水灾，他充分显示出勤能之吏的本色，日夜操劳，精心筹策抗洪赈济，使数万灾民免于饥馑。

他在给皇帝的报告中，介绍了泗州的灾情及赈灾的措施和成效。嘉靖皇帝非常高兴，吩咐全国推广"泗州经验"。

"前度刘郎今又来"，林希元又被调回"最高法院"，而且升了一级，当上了"审判委员会委员"（大理寺丞）。

"本性难移"四个字，在三起两落的林希元身上表现得淋漓尽致。

林希元担任大理寺丞的第二年，发生了震惊朝野的"辽东兵变"。

右副都御史吕经巡抚辽东，出于缓解民众生计，减轻百姓军饷负担的考量，将原来的"三丁养一"减为"一丁养一"，同时抽调部队修筑长城，引起军队哗变。兵士们烧砸府衙，还将吕经扣为了人质。

事件平息后，吕经被问罪流放四川茂州。

林希元替吕经打抱不平，愤然上书痛责"兵变起于姑息"，跟宰相夏言唱对台戏。

朝廷无法忍受这个总爱"指手画脚"的家伙，嘉靖十四年（1535年），一脚将林希元"踢"到了廉州府下的钦州。

从大理寺的五品高官，变成边陲府辖小州的六品小吏，林希元"滚"到土瘠民贫的钦州后，依旧兢兢业业，干得热火朝天，似乎忘了自己是一个受了"降级处分"的人。

林希元被贬职是嘉靖十四年（1535年）下的圣旨，他翌年七月抵任，刚到职就发现大事不妙：库房空空，连给府衙"公务员"发薪水都困难。

林知州并不藏着掖着，而是开诚布公通报财务情况，提出要过紧日子。（适力殚财绌之时，开诚以先物，约身以裕用。）

面对拮据的财政，林希元像做无米之炊的巧妇，一方面堵塞漏洞，另一方面把钱用在刀刃上，做成了不少以前想做未能做的事。

第一件就是土地复耕。

林希元到钦州，发现用于"州官吏师及所官军俸粮"积蓄不足半年，而他"始入州，见平原旷野，高可种黍，下可种稻，皆为荒服，成田者十仅一二"，而且钦州"只种水稻，黍稷麻麦俱无，其田半没荒草"。

种水稻也是粗枝大叶，将种子往地里随便一撒，既不施肥，也不耕作，靠天吃饭（不粪不耘，仰成于天），每亩收成只有三四百斤。

"会断病难称圣手，能疗疾方为良医。"民力殚竭，备感艰难的林希元想到了"屯田制"，借军民合力来推动复耕。

他将勘测出的荒地分为五屯，制定多劳多得的政策，招募一批老农"专理其事"，教民耕织，课督农时，守军和"民快"（民兵）轮流巡哨、训练和耕作，既不失军务，又不误农时；同时广招流民、游民，向他们发放耕牛和种子，鼓励他们回乡当农民。

在他的治理下，钦州大量抛荒土地得到复耕。林希元打给朝廷的报告中称："五屯之田，岁收一千八百七十五石。"

第二件是兴学办教。

林希元重视教育有自己的理论："盖饱食暖衣，逸居无教，则近于禽兽"。君臣、父子、夫妇、长幼、朋友这种人间伦理，是"中国异于彝狄、人类异于禽兽"的根本。

他认为要打通教育的"最后一公里"，把府、州、县的"儒学"延伸为方隅里巷的"社学"，重点不是讲经，而是要让普通人懂得礼义廉耻、社会伦理，也就是"从我做起"，加强个人道德、家庭美德和社会公德建设。

林希元了解到一些社学建成后，没有钱聘请塾师。"再穷不能穷教育"，他决定给每个社学拨公田二十亩，钦州十八个社学一共拨出了三百六十亩公田，租赁耕种所出作为办学经费。

这种制度性的安排解决了社学的后顾之忧。

他还"召七八岁以上者教之"，自己有时还亲任教书先生。

林希元抓教育的效果很明显："数月而后，教读各以弟子见其父兄，共衣表、步履楚如也；进退、揖逊肃如也；讽

诵、书仿朗如也。"

林希元在钦州还是一个"建桥狂人"。由于毗邻的安南经常侵扰，朝廷下令边境各州县广造桥梁以行兵马。

林希元在钦州当了三年知州，一共修了五座桥。

五百多年前，勘测和施工都没有现在的先进技术，要在流水汤汤的河上修一座桥并非易事，河床情况、地质结构、水位、流速、洪水频次等，全凭经验判断。

地方官都把修桥作为重大工程，百姓则把修桥作为官员为政的大功德，轻则立碑，重则建亭以纪。

林希元在钦州修"平安桥"时，亲自勘测地形，寻寻觅觅，选了三个地方，最后拍板选定一处，挖桥基时，在江底发现一个大桩柱，证明就是过去的桥址。

这件事轰动一时，大家都佩服林希元有眼力。

平安桥于嘉靖十四年（1535年）十一月动工，翌年五月竣工。不幸的是，六月洪水暴发，桥梁被冲毁。

林希元查明，"交学费"的原因并无贪赃或渎职，只是经验不足，立于沙底的桩柱太浅。

他对监工未作任何责备，而是鼓励他们重整旗鼓，加宽桥面，增桩加固，并配置了十四个减缓水流对桥桩冲击的铁牛。

次年山洪再次暴发，上万州民拥到河边，看到重新架设的桥梁在洪波浊浪中巍然屹立，大家欢呼不已。

人们都知道大奸臣大太监刘瑾曾为自己立生祠，在当时这并不是什么无法无天的大逆不道，而是一种风气，刘瑾只是不配罢了。廉州府民曾为不少知府立过生祠。

钦州百姓感念林希元的功德，也为他立了一个生祠。

因为政绩突出，林希元在钦州任职三年后被提拔为广东按察司的佥事，大致等于负责一省监察、纠察事务的"监察委员"。

官升四品，即属"高级领导干部"，但林希元不谙官场习气的个性似乎并无长进，再一次"故态复萌"，因言获咎，并从此告别宦途。

当时安南的军阀莫登庸废主自立，不再进贡。林希元频繁上疏力主出兵，劝说皇帝"勿为近臣所欺"。在这件事上，林希元与他的老乡张岳意见相左。

朝廷倒是发兵了，大军压境，莫登庸献关投降，林希元却被"秋后算账"，以"攻击朝臣"的罪名被免职。

林希元始终执着于进言，不计利害，屡屡因言惹祸。对此他有自己的理论支撑。

被称为"浊世名儒"的他，精研理学，对"言功"看得比"事功"还重，声称"凡事只论道理，不问利害"，活在世上，要"益于时"，更要"益于后"。

为了"益于后"，与其他地方官不同，他特别喜欢著书立说，阐发自己的思想和主张，并认为做学问要独立思考，敢于创新，秉持异议。

他自己不迷信王阳明，同时认为朱熹刊定之书也并非不能改动。他宣扬理学主张的著作《易经存疑》《四书存疑》由"文教部"（礼部）刊行，风行全国，并流传海外。

在钦州为官仅三年，他还主持编纂了一部《嘉靖钦州志》。

林希元福建老家有个传说：大嶝岛与蔡厝之间，退潮后有一条叫"蔡厝蹀"的海路，经常有精壮男子走在这条路上，被乌鸦啄食眼睛吸血而亡。

林希元决心为民除害，装扮成私塾先生走过"蔡厝蹀"，路边有一个美女说怕沾水，娇滴滴地求林希元用背带背她过海。途中美女抱住他的脖颈，"吧嗒"有声，亲吻他的脖子。但林希元始终未为所动，不肯回头，相反将背带越勒越紧。只听一声惨叫，美女被勒出原形，原来是一只乌鸦精。

为什么乌鸦精会变身成一个美女？为什么它会吸血使人身亡？这故事演绎的其实就是理学"男女大防"的伦理，而林希元就是一个"学习榜样"。

我们不能苛求处在专制皇朝的林希元，应该看到，儒学在当时是与"超稳定社会结构"相匹配的主流意识形态，生在那个时代的他，恰恰是因为浸淫于此，入心入脑，学以致用，成了不避祸福、公忠体国的名臣。

这也可以回答前文的疑问：为什么那么多被朝廷发落的贬官，依然能以"孤臣孽子"之心，视雷霆为君恩，兢兢业业，忠诚履职，"皇帝虐我千百遍，我待皇帝如初恋"。

这个民间传说充分说明林希元崇高的"江湖地位"，他在民间就是"理学"的一个化身。一个人成为"时代化身"自然要名留史册。

林希元生于明成化十八年（1482 年），卒于明嘉靖四十五年（1566 年），享年八十五岁，在那个年代显然称得上"遐龄鹤寿"了。

他升官回家为何遭冷遇？

　　明朝二十多年不上朝的"奇葩"皇帝嘉靖在位时，一个叫"章献中"的钦州人清明节从云南大理回家扫墓。

　　章献中搭船沿南盘江、红水河、浔江经邕江到横县（今横州市）上岸，从陆路走到灵山县白牛岭，雇了一只小船从钦江顺流而下抵家。

　　章献中是在升任大理通判时"顺道"回家的。

　　通判又叫"同判"，虽然级别比知府低，是知府的副手，同属朝廷命官，却有一项"特权"，在工作上除了协助知府之外，还负有监督知府之责。

　　过去边陲地区的州府，是一定会配备通判的，原因嘛，你懂的。

　　章献中回家前托人带过信，所以家里人都知道他升官和回家的消息。

　　家人算了算他归家的日期，因为离家多年怕他不识路，便派了个认识他的远房亲戚在码头等候。

　　一只小船靠岸，船上下来一个风尘仆仆的人，没有随从，也没有大包小包的行囊，亲戚不敢相认，一路尾随着，直到对方进了家门，才敢确认这如假包换就是自己要接的人。（小舟南下，无异行旅。及叔舟登岸，所亲咸疑，其人伺之，及入门，始知其为君用也。）

有道是，衣锦还乡，"富在深山有远亲"，章献中升了"大官"——通判是正六品，比七品的知县还大，谁知道回家却是这副寒酸样。

久别重逢，亲人相见，本应熙熙和和，但沾光而来的亲朋戚友却开起了章献中的"批判会"，纷纷指责他不通情理："你要廉洁也不要'太超过'（过头）了，让我们脸上无光。"（相与訾之，谓持守过廉。）

章献中一脸尴尬，频频点头赔罪，说自己回来得太过匆忙，以后再也不这样了（献中谓之曰："吾今不复尔矣。"）。

给祖宗扫过墓，每日与亲朋戚友见面，接待不冷不热，说话不咸不淡，章献中自觉不自在，没有多留，匆匆上路。

史书称：章献中"及抵大理，而清廉节愈厉"。他到任后廉洁"变本加厉"。回家受到的这番"千里做官为吃穿""高官厚禄，光宗耀祖"的"传统文化教育"，不仅没有让他改变原来的"官"念，相反更坚定了他要做一个清官廉吏的志向。

其实，章献中变成这样，完全是他的伯乐"害"的。

章献中的伯乐叫林希元，嘉靖十五年（1536年）到任的钦州知州。林希元就是个"约身裕用"、以清廉自许自守的人，有"浊世名儒"之称。

林希元喜欢著书立说，在钦州虽只干了三年，却组织人马编纂了一本《嘉靖钦州志》。

章献中出身贫寒，喜欢读书，还有一点知名度，林希元把他招到麾下参与编书工作。

林知州发现小伙子挺"有料"（有才华），人品也好，虽只是个秀才，但显然是国家的可用之才——章献中的字就叫"君用"。

编完书后，林希元推荐章献中到"国家干部学院"（国子监）肄业，后派任"浙江军分区"负责公文和司法的长官助理（浙江都司经历）。

"出身不由己，道路可选择"，后面还有一句："人生需贵人"。但伟人说了，只有鸡蛋才能孵出小鸡，石头是孵不出来的。遇到黄石公的人不止一个，但只有张良得到了他的《太公兵法》。

章献中也是源于自己爱读书的修为，才会遇上林希元这样的贵人。

人们光知道"千里马常有，而伯乐不常有"。其实，"黄石公"也常有，但你却未必是愿意三次给他穿鞋子的"张良"。

章献中的确修为到家，史书上称他为官"以廉静见称"，既廉又静，不喜欢结交权贵，估计也没什么"酒肉朋友"。他连续九年绩效考核、德勤廉绩都名列前茅。

过去官员获得嘉奖，"文教部"（礼部）会把皇帝的圣旨，甚至是亲笔题词的匾额送到老家，旌表其先人，乡里人都以之为荣。当官光宗耀祖就是这么来的。（九载考绩居清廉第七，荣被封宠，推恩泉壤，乡人荣之。）

只是不知道回家扫墓，因为简囊敝服而备受责难，章献中内心又是什么样的感受。

章献中任大理通判，作为知府副手，财务、赋役和粮饷属其分管，都是所谓的"肥缺"。章献中把各种杂务开支全部砍掉，每年上缴和开支之后的节余可用作官员补贴，自己却一分也不拿。（主管银场，廪资尽革，羡余弗受。）

在大理任职三年，章献中在任上因病去世，他的钱袋只剩下五钱银子，连后事都办不了。军区、省里和监察司法机关的上司及大理府的知名人士纷纷表达对他的悼念之情（三年以疾卒于官。简囊得银五钱，无以为殓。抚院臬及郡士大夫咸悼其苦节云。）

我查了一下，章姓曾是廉州府钦州州治所在地的大姓，从江西迁来已有数百年历史。不知道他们自己可知祖上出过这么一位高风亮节的先人。

上任新官竟是"路人甲"

明嘉靖年间，有一天廉州府衙外来了三个人，一个中年人，一个老者，还有一个书童。老者挑着一担行李，三人风尘仆仆，一副经过长途跋涉的样子。

来人向府衙的门卫递上一个封缄的信袋。

门卫打开来，是一个轴卷，他慢慢展开，原来是一份"任命书"（敕牒），花卉暗底的丝绸印着朱红色的篆体，在"奉天诰命皇帝制曰……"的格式空格上，填着"廉州知府、徐柏"的字样，下面赫然盖着"皇帝之玺"的印戳。

门卫咚的一声跪了下来，嘴里连声说道："知府大人在上，小人有眼不识泰山，万望恕罪！"

徐柏赶忙将其扶起，连声安慰，让他回衙内通报"副知府"（同知），门卫说了一声"小的即行禀报"后一溜烟跑出大门。

原来同知得悉新知府今日报到，一大早就领着通判、推官、经历、知事、照磨、检教、司狱、教授、训导和乡绅一干人等，到城外的还珠驿站候驾去了。

谁也没想到新知府竟"一肩一仆"，自己寻到府署来了。

以上是我的"小说家言"，纯属想象。但徐柏的绰号"一肩一仆太守"却是真的。

史书记载，徐柏赴廉州履新时的确只带了一个老仆、一个书童。那些等候的官绅谁也没想到，简囊敝服、从他们身边匆匆而过的"路人甲"，就是日后廉州的知府大人。

时间是很残酷的魔鬼，尽管嘉靖年间距今不到六百年，但许多史迹史料已湮没无痕，包括"还珠亭"，还有那个"还珠驿站"。

遍寻史料，关于徐柏只有极其简略的记述。

徐柏是福建浦城人，与权臣张居正同朝。嘉靖年间，担任"民政部"（户部）贵州司负责人，同时管理通州、德州的国家粮库。

当时米价上涨，徐柏下令纳粮人可以纳钱顶粮，等到粮价下跌时再买粮充仓。这样做一举两得，老百姓高兴，官府也节省了开支。

徐柏后来升为"民政部"的"司长"（户部郎中）。"水利和建设部部长"（工部尚书）朱衡知道徐柏的能力，让他负责全国的水利工程达六年之久。

徐柏后来得罪张居正，被外放担任廉州知府。

张居正是明朝著名的改革家，在历史上属于正面人物，"为政十年，海内安宁，国富兵强"，但他刚愎自用，疑心重，心眼小，特别喜欢讲排场，一些下属和子弟仗着他的权势欺负人。

徐柏与张居正结怨，就是因为张居正的子弟掠夺民产，徐柏判定其赔钱；后来其子弟想把粮库公地占为己有，徐柏顶住不给。张居正把徐柏一贬再贬，未满六十的徐柏干脆连乌纱帽都不要了，拂袖回家，活到了八十岁。

徐柏在廉州工作期间，纯然是一个循吏。除了加强边海防建设，防御倭寇侵害，政清刑简，劝农兴学，还开放了珠禁，让百姓靠海吃海，民生得到了改善。

徐柏离任时，下属送了一柄珍珠扇给他，被他婉言谢绝。他说："我来的时候一副肩膀，走的时候也是一副肩膀，没有其他累赘，来当廉州太守总要对得起'廉州'这个名字（吾一肩来也，一肩去也，别无余物。来守是邦，应与廉州名相符也）。"

史书中官员上任离任的故事很多。三国时寿春"县长"（县令）时苗坐着牛车上任，三年后离任时拉车的牛生了牛犊，他将牛犊留下，对"办公室主任"（主簿）说："我来的时候没有这只牛犊，它在这里生的，就理应留在这里。"

这跟徐柏的"一肩来一肩去"两袖清风，异曲同工。

廉州地处岭南，属于蛮荒之地，"廉州"的名字，源于合浦史书记载的第一任太守，东汉的费贻。

《廉州府志》称，费贻在合浦当太守时为官廉洁，简政安民，老百姓怀念他的德政，当地命名带"廉"字，如大廉山、廉州、大廉峒、廉泉、廉江，都是因为费贻（民怀其德，或合浦江山皆名廉者，以费贻故也）。

"铁打的营盘流水的兵"，其实衙门更是这样，八字的衙门，跑龙套的官。"行李纷纷游宦子，几人不愧大廉山"，徐柏无疑是不愧大廉山的。

倒在工作岗位的青年知府

南方地区产一种长刺的竹子，当地人称之为"箣竹"。箣竹开的花很像麦穗。传说箣竹五十年才开一次花。竹子开花之年，就会发生饥荒，属于凶兆。

明嘉靖四十年（1561年），廉州的箣竹开花后全部枯死，有人占卜说，不出三年会有大的丧事。

果然，嘉靖四十一年（1562年），才上任一年的廉州知府黄文豪在任上溘然离世。

黄文豪是福建龙溪人。"龙溪"是老地名，该地后来与澄海县合并为龙海县。龙溪属于现在的漳州市。

黄文豪到任廉州知府之前，在朝里任过奉值大夫，它属于"散官"，有级无职，约等于调研员。随后到"水利和建设部"（工部）担任员外郎、郎中，相当于司长助理和司长，负责宫殿维修。

黄文豪在工部工作，表现十分出色。

黄文豪主持了寿陵和三大殿（太和殿、中和殿、保和殿）的修缮工作，工程质量自不待言，这种"天字号"的工程，他不找熟人来施工，不报假账，各项开支清清楚楚（清白自厉，弊窦断绝）。

工部郎中是正五品，廉州知府是正四品，虽属京官外派，却是提拔重用，这时距离黄文豪考中进士只过了六年，黄知府只有三十五岁，可谓"前途未可限量"。

但廉州府并非清静之地。在黄文豪到来前，多次发生重大窃案：先是夜里府库被贼人翻墙而入，劫走了一万七千多两金子；后来又有一个木工偷走了一千多两金子（廉郡藏靡固，忽一夜为强贼踰城劙而夺之金约一万七千余两有奇。又一日，为一木工窃入，盗去金千余两奇）。

贼能不能捉到是次要的，关键要填补窟窿。除了府署的"机关干部"被扣发工资，这笔烂账还摊到了廉州的各家各户头上。廉州地瘠人穷，无论官民，对此都怨声载道。（所司苦于赔补，莫盈其数，乃议责军卒丁余及民户丁粮，各出金抵偿。地方人素穷敝，复重累，弗堪也。）

黄文豪去看了库房，气不打一处来。放置库银的重地，竟然是一座普通房子，一堵矮墙，外加几名府兵看守。

"不怕贼偷，就怕贼惦记"，这种库房，不被偷才怪了。

黄文豪决定在廉州府东边建新库房。

黄文豪说干就干，"建设口"出身的他对此驾轻就熟。他把新库房挖成一个深洞，金银财宝藏在最里头，进洞的路弯曲盘绕，像一个太极迷宫，只能一个人通过，还设了十几道铁门。

别说是小偷，就算明火执仗几百人强抢也难以得逞。

大家都钦佩黄知府的高招，一劳永逸地让廉州官民告别了为库房失窃抵偿之苦。

可惜的是，项目没完工，黄文豪就溘然病逝。

（受公之赐，以永免于劫夺抵偿之害，功已耿耿不磨，尚安侯于其他也。惜乎工将讫，而公遽告逝。）

过去的地方官，职责不外几项：劝农垦耕，教学教民，保境安民。一个地方是否治理得好，不是体现在抓获多少违法犯罪人员，公安破案率高低，法官每年人均审案量的多少，而是"囹圄生草、狱无系囚"。

黄文豪到监狱视察，发现不少犯人在里头已经关了十几年。

也不知道他的前任是谁。不过新官总得理旧账，黄文豪一一提审，发现这些犯人全都是因为家里穷得叮当响，交不出赎金而被关押至今。

昨天交不出，今天交不出，明天同样交不出，这岂不是要把人关到死？

黄文豪给"最高法院"（大理寺）写信，征得同意后，便把这些超期羁押的囚犯全部释放回家了。

黄文豪还别出心裁地在廉州府的监牢挂了一面鼓。

有一天黄文豪正在坐堂，外头叫声连天，他走出去查问，原来是一个坏胥吏为了勒索钱物，擅自殴打囚犯，惨叫声都传到公堂上来了。

黄文豪惩治那个胥吏，差点没把他打死，然后叫人在牢房里挂了一面鼓，囚犯无故被殴打时可以击鼓求救。从此胥吏打人的事再也没有发生过。

（一黠胥以其私，擅笞狱囚，声彻堂座。公呼至，几杖毙。因悬一鼓于狱，令囚有被害即击以闻，于是囹圄肃然，禁者安生。）

廉州地处僻远，读书风气不浓。黄文豪让"教育局局长"

（教谕）从各家各户挑了十几个天资聪明的小孩，在府署中腾出一间空房子，他每天有空就亲自给孩子们上课。

为了让参加府试的童生考得好，黄文豪把他们集中到尚志书院，安排不同课目的老师辅导，就像辅导自己家的孩子一样尽心。

廉州府前临海后傍山，盗贼非常猖獗，黄文豪在廉州经历了惊险的匪乱。

那次是大批盗贼攻袭，城内警报大作，守城的府兵慌乱无措，大呼小叫，城内谣言四起，人心惶惶，不少人收拾包裹准备弃家出逃。

黄文豪明白这时候绝不能自乱阵脚。他接到报告，镇定地问报讯者："到底来了多少贼人？"

报讯的人浑身战栗，"估计、大概、差不多"了半天，也说不出个准数来。

黄文豪哈哈一笑："就算来一千人，我凭这支笔就能横扫他们，更何况没有一千人，有什么好害怕的！"

看到知府如此淡定，大家一下子心定了许多。

黄文豪其实是"故作镇定"，他想到的是悍贼当前，而民皆乌合，极易惊慌失措。在"外松"的同时，他早已"内紧"，暗中布置人马严密防备，吩咐抓到盗贼不事声张，避免造成惊扰。

直到群盗退去，廉州城内一直生活如常，没有出现混乱状况。

（公闻报，从容诘之曰：贼众几何？报者约数以对。

公佯言曰：贼纵千人，吾笔尤能横扫之。翘未及千，何惧为！乃叱之去。

因密严守备，或遣人蹑捕，城内外晏然若无事者。）

黄文豪虽身为知府，但却平易近人，没有什么"官威"。他为人爽朗，性格诙谐，喜欢下棋弹琴，经常跑到城郊的放鹤亭和南亭览景吟诗。

他曾对下属说："这世上人都是因为有欲念，所以每日吵闹公堂，弄得百事缠身。要是少些欲念，廉州这样的僻地边壤清平无事，我每日就可以跟你们爬山赏景了。"

黄文豪处事公私分明，对手下要求严格。他身边一个工作人员曾因不守规矩，被他严厉责罚，所以手下人都谨小慎微。

他到廉州府上任后，要求所有的罚赎金都收入国库，一分钱都不留私用，去世时家人竟然没有私房钱为他买棺材。

黄文豪赴任廉州是嘉靖四十一年（1562年）农历十一月，翌年十月病逝。家人扶柩归葬时，廉州民众痛哭流涕给他送行，并立了一块"堕泪碑"铭记他的功德。

前头说簕竹开花预知有丧事，黄文豪此年去世，只是《廉州府志》的一则佚闻，记录者也认为只是凑巧罢了（偶应其占云）。

在廉州行了这么多德政善事的黄文豪去世二十六年后，其子黄一龙在万历年间也中了进士，留下了龙溪著名的"父子两进士"的佳话。

为采珠他竟然动了皇帝的"蛋糕"

湖南有个沅陵县，沅陵县有个溪口镇，溪口镇有个胡家溪寨，胡家溪寨有眼聪明泉，有个叫胡鳌的人喝了聪明泉的水，考上了进士，后来到廉州当了知府。

聪明泉是有的，胡鳌考中进士也是真的，但说胡鳌喝了聪明泉的水考中进士，明显是编的。

名人如果足够有名，这类传说就会如影附形，成为一种标配。

到廉州府当老大的胡鳌注定要与合浦珍珠发生瓜葛。

合浦珍珠也叫"廉珠"。它有两个意思，一是产于合浦郡治所在地廉州，二是因为东汉时合浦太守孟尝实行德政，发生了"珠还合浦"的奇迹，合浦珍珠成了清廉的符号。

但珍珠没让廉州人傲娇，相反廉州人被它所累。

明朝皇帝都是"爱珠人士"，从明英宗朝开始，为了把珍珠占为己有，专门派太监镇守廉州采珠。

皇帝在，太监是一只马屁精；皇帝不在，马屁精就成了皇帝。广东右都御史林富曾痛斥太监"倚势为奸，专权滋事，害有不可胜言者"。

我粗略统计，《廉州府志》记载明朝历任皇帝所下达的到廉州采珠的圣旨多达十五道——明显没有收齐。一年采一次是常事，甚至一年两采，春天采过，冬天又采。

采珠要征集民船、民夫，相关的开支要摊派"特别税"。采一茬珠，府民就被割一回"韭菜"。

《廉州府志》中时见这样的记载：

万历二十四年彗星见于西北，明年遣内官开采珠池。

嘉靖四十一春诏采珠，冬复采珠，是岁竹有花实。

……

彗星、地震、竹子开花……都是执政无道的不祥之兆，这些记述固然是写实，却也是控诉苛政的曲笔。

胡鳌号鹿崖，于嘉靖二十三年（1544年）走马上任，刚刚到职，就接到朝廷的采珠令。而前一年才刚刚采过一次。

采珠可不同于采茶。采茶不是欢声就是笑语，"采到东来采到西，采茶姑娘笑眯眯"。采珠没有歌，诗倒不少，但极少有表现"广大劳动人民欢乐采珠的劳动场景"，而是各种悲情的诗句。如江西布政使顾梦圭所写的：

往时中官莅合浦，巧征横索如豺虎；
中官肆虐去复来，谁诉边荒无限苦。

廉州知府林兆珂所写的：

哀哀呼天天不闻，十万壮丁半生死；
死者长葬鱼腹间，生者无误摧心肝。

广东佥事赵瑶所写的：

瑞采含辉水一湾，天生老蚌济民艰；
曾驱万命沉渊底，争似当年去不还。

这些明朝的官员不约而同地写出这些"食禄忘君"的"恶攻"诗，说明就连"体制内"的他们对采珠之恶也实在看不下去了。

新官上任的胡鳌，在珠乡大地看到，采珠过后疮痍未复，满目萧条，且"行船又遇顶头风"，廉州接连发生风灾、水灾。

胡鳌忙得"晕陀陀"（晕乎乎），他深入基层，访贫问苦，颁布免除赋税的告示，亲自给灾民分发粮食，不少人因此得以活命（整容求民瘼，下宽恤之令，躬自赈济，多所存活）。

还没缓过气，胡鳌到任翌年，驿传再次飞报采珠的圣旨。

消息传开，鸡飞狗跳，怨声载道，因为担心派赋和征夫，人们纷纷背井离乡，逃离家园。

胡鳌心里对采珠也是老大不情愿，甚至说是反感。他专门上书广东巡抚，列举天顺、弘治、正德、嘉靖年间反复采珠，劳民伤财，耗资巨大，得到的珠质量越来越差，现在再采，只怕是白白花钱。（其织造珠筐，起盖厂房，并杂用夫役等项，动扰于民……所得不偿所费，尚且碎小歪扁不堪。今蒙复取……恐复虚费帑。）

胡鳌希望巡抚能下情上达，让皇帝收回成命。

可惜这种与圣旨相悖的消极意见，是哪个上峰都不乐见的。《廉州府志》称"巡抚不以闻"，估计是鼻子一哼，就将胡鳌的信丢到了一边。

胡鳌在署衙里挠头无髻（计），下乡时民家一贫如洗的

情状历历在目，刚赈灾又去生灾，岂非造孽？更何况府房空空，入不敷出，巧妇怎为无米之炊？

胡鳌拿着那份采珠令反复览示，忽然一拍案桌："就这样办！"

采珠令是驿站送来的，驿站可是个肥缺，每年有专门的驿传税。廉州地处僻远，驿传开支少，每年没花出去的钱滚存着。

这种所谓的"羡余"，虽然可用于地方官的俸给、生员口粮或赈灾抚恤等方面，但是必须经皇帝批准，地方官并没有支配权。

胡鳌把各个驿站的站长叫来，让他们把留存的钱拿出来用于采珠开支，同时宣布这次采珠，再也不向群众摊派一分钱（乃发驿传羡余以备供应，里甲派额一切蠲免）。

驿站的站长们自然不爽，但胡鳌令出如山，谁也不敢作声。

廉州的群众就不同了，《廉州府志》称："民甚德之。"他们欢天喜地，奔走相告。可以想象得到他们"死去又活来"的心情。

面对采珠皇命，胡鳌没有像直接抗命、给皇帝上《乞罢采珠疏》的林富那么"刚"，但他"斩"而不奏，宁可冒着风险动皇帝的"蛋糕"也不给民众增加负担，显示出父母官的恤民之心。

做出这种事的胡鳌仕途自然不会顺利。胡鳌老家怀化的《辰州府志》称他"遇事敢言，风采著闻"。他当过江西乐安和吉水的县太爷，经"多岗位锻炼"被提拔为监察御史，却被人告黑状，一下子被贬为盐城"副县长"（盐城县丞）。

官场摔了这么个大跟头，胡鳌并没有"躺平"（不作为），仍旧忠心履职，该干吗干吗。他尤其重视教育，在盐城主持建了一个"正学书院"。

胡鳌被重新起任当了廉州知府，他矢志办好教育的初心不改。廉州旧府学搬迁后，原址荒秽不堪，一些"黄冠之徒"（道士）筑起神像，祭神拜鬼。

胡鳌"毁其像，别其居，更复为书院"。这个名为"复初书院"的地方，宽敞整洁，设施齐全，成为廉州士子习读经书、切磋交流的好地方。

胡鳌在廉州为官四年，《廉州府志·艺文志》中多处提及他的名字。最有意思的是他还曾带着兵士围捕大象，成为明朝廉州有大象出没的证明。

以德服人的"林校长"

嘉靖四十三年（1564 年）初冬，廉州府城门外举行了一场饯行盛宴。

参加者有官有民，男女老少，空巷而出，宴席从城门口一直摆到了割过禾的稻田里。（凡郡之僚友、乡之大夫相与供张设祖，自郭门达郊垌，冠盖相属，以及里闾聚落之氓。）

众人为之饯行的人姓林，名建邦，字懋服，福建莆田人，是廉州府学的掌教，相当于"校长"。

"这丫头不是那鸭头"，那时的"校长"可不是今日的校长能比的。仕出科举之途，府学专门培养科举人才，官员皆由此出，府学的"校长"就跟"县长"一样望高权重。

在廉州府学任掌教六年的林建邦，接到任命，荣升湖广承天府知府。

同僚"倾巢而出"，"市长"（知府）以降，包括"副市长"（同知）、"副市长兼监察委主任"（通判）、"法院院长"（推官）、"办公室主任"（经历）、"纠风办主任"（照磨）、"公安局局长"（检教）、"监狱长"（司狱）……还有合浦、灵山、钦州的"教育局局长"（教谕）齐齐到场，纷纷举杯祝贺。

林建邦谦和地逐一回敬，大家熙熙攘攘，一派和乐。

从廉州府掌教调任承天府知府，无疑是破格提拔。

湖广承天府可不是寻常之地，它位于嘉靖皇帝的出生地安陆州（现钟祥市）。

嘉靖皇帝的前任明武宗朱厚照嬉戏无度，落水后一病不起，朱厚照没有儿子，堂弟朱厚熜捡漏坐上了皇位，在自己的出生地湖广布政司安陆州设立"承天府"，相当于一个"特别行政区"。

天下没有不散的筵席，不知不觉已是午后时分，随从催促"林校长"上路。

经常来往的朋友和执教过的学生，依依不舍，两百多人骑着马，跟着"林校长"的马车，一直将他送到了廉州地界（*而门下士与其所常从游者二百余人，咸策赢马从之，逾廉之境犹依依不忍听去*）。

这一幕，被当时参加饯行宴会的一位叫"钟振"的廉州乡贤记录下来。

钟振是嘉靖年间的合浦进士，曾先后担任过滁州知府、嘉定知府、户部郎中、福建按察司副使，后因*介性忤时，冠带归廉*。

钟振写了一篇《掌教林侯去思碑记》，讲述了廉州府学"校长"林建邦的感人事迹。

钟振记录了当时廉州府同僚和里巷之民听到林建邦调走的消息，伤心地围在掌教车前车后，就像跟父母亲戚分离一样。大家回到学宫后，互相说起林掌教的为人与往事。

林建邦到廉州任掌教已有六年。他家学渊源深厚，堪称文章圣手，开合有度，有理有据，跟他的为人一样，从来不装腔作势，不讲空话套话。

林掌教待人接物态度温和，与之交谈如沐春风；他教学有方，把枯燥的经书讲得生动有趣，引得大家都来上他的课。有人原先无心向学，庆幸遇到林掌教，终于朽木可雕，"稀泥糊上了墙"。

大家七嘴八舌，回忆起过去府学的教师因为薪水低，工作辛苦，都斤斤计较，无所用心。林掌教来了之后，制定"教师守则"，搞"绩效考核"，大家再也不像原先那样吊儿郎当了。

林掌教同时也十分体恤教师，谁家里遇到困难都想方设法帮忙解决。（我先生至，则定其章程，作其勤厉，警其懒逸，恤其窘者。）

他对乡亲也是不分亲疏远近，娶不到老婆的、死了不能下葬的、受灾没有房子住的，凡此种种忧心事、烦心事、揪心事，都成了他的操心事。

廉州一直以来中举登科的人寥寥无几，读书风气差，离京师万里之遥，有人进京会试常因筹集路费耽误日期，林掌教自己出钱送考，还勉励"等你的好消息"，从此廉州再没有出现过学生因贫困而失考的现象。（吾庠近稀科第，士气隳弛……士之以贡计偕春官者，阻于官费不时给，皆迁延迟暮。先生悉贷而趋之上道，曰：犹可冀于京闱也。自是士皆如期入京师。）

这话题触动了在场的人。一位当年在林掌教资助下得以赴京赶考，当上"公务员"的府吏，找到了辞官归乡的钟振，把大家的想法告诉他。

府吏对钟振说："掌教过去经常夸你，你不是也得过他的资助进京赶考吗？他现在离开了，我担心他做的这些好事廉州人以后都忘了，你应该把它们记下来。"

钟振说，这与他所想的不谋而合。像林掌教这样关心别人胜过关心自己，虽是其本色，但实在难得。他在府里和合浦县都任过职，又到府学当掌教，无论在哪个岗位任职，他的口碑都很好。特别是在合浦当知县时，采珠进贡简直是县里一灾，他摸清底细，把计划做得十分周全，既把事办了，又不使群众受罪，对百姓简直是再生之恩。（先生廉得其实，于是综核调度，咸中肯綮，迨事集而民不告劳，四境欣然庆更生焉。）

那年廉州城西大火，烧了三百多间房屋，林掌教想方设法筹集善款救济，不到十日，大家都有了安身之所。

合浦县"教育局局长"（教谕）朱程、"副局长"（训导）陈湍履新上任没多久，因病相继去世，林掌教牵头把他们的丧事办得妥妥当当，完全按照礼仪规制。两人得以扶柩归葬，全靠林掌教之力。

还有一件与朱程有关的事，朱程刚上任就被债主追到衙里，逼着还钱，不得已告诉林掌教。林掌教二话没说，拿钱给他还了债。朱程去世后，林掌教拿着欠条在棺材前烧掉。这两件事花的钱并不是小数，其他恤贫抚困的例子，更是数不胜数。

钟振觉得，林掌教宅心仁厚，对人倾囊相助，实在不容易。尽管他现在离开了，但应该把他的事迹记录下来，传播开来，让他成为更多人学习的榜样，而不应该让它们局限在府学或者廉州府，随着岁月流逝而湮没。

钟振把自己的想法告诉了廉州府署的郑杲、陈渐逵，并一起捐钱搞了块石碑，将林掌教的事迹刻成了碑文。

石碑现在自然找不到了，但因为这篇《掌教林侯去思碑记》，人们知道了林建邦的名字，知道廉州府曾经有过这样一位以德服人的"校长"。

正可谓：

凿石又如何，碑碣不复在。

不朽在人心，俎豆且何为。

盛德五百载，岁月未可埋。

颓然掷卷叹，斯人安在哉。

父子知府廉州传美名

读历史有个好处，能经常感受到别处与自己的缘分。

比如看到"莆田"，我立马想到的不是莆田医院，而是历史上廉州府好几位莆田籍清官。

最有名的自然是广东巡抚林富，他并非在廉州任职，只是到廉州监办采珠，他不仅没有"不折不扣"地完成任务，相反还上书要皇帝收回成命。他的孙子林兆珂在万历年间当了廉州知府。

莆田还有一对父子，都当过廉州知府，留下了很好的政声。他们就是游日章、游伯槐父子。

游日章是个才子，嘉靖二十八年（1549 年）作为秀才考举人时，得了第一名（解元）；嘉靖三十八年（1559 年）考贡士，又得了第一名（会元）。

随后在皇帝主持的殿试中了进士，被任命为江西临川县知县。

临川县可不是寻常地方。王勃的《滕王阁序》称"邺水朱华，光照临川之笔"，临川是全国三大"才子之乡"之一。另两个是江苏宜兴和湖北蕲春。

把游日章派到临川县，大概是觉得他有才，可以压得住阵吧。

游日章的确在临川压住了阵，不过不是用"文名"，而是靠"武绩"，他刚到任就拿豪强开刀，把一个姓帅的黑恶势力头子抓了起来。（有巨猾帅姓者武断乡曲，下车即捕之，邑中称快。）

还有一次是跟土匪"开片"动刀动武。嘉靖四十年（1561年）八月，一股流寇袭击临川，很多人要逃进临川县城内，但城门紧闭。

接到报告的游日章飞马前去打开城门，把逃难的人收容起来，并部署了严密防守。

土匪退去后，声名鹊起的游日章被调进了"公安司法部"（刑部），负责文件起草工作，估计是"办公厅副主任"之类吧。（驰至启关纳逋，并昼守御策，贼遁去，推刑部，主事去奏献。）

万历三年（1575年），游日章就任廉州知府。他严以律己，以身作则（介经持己，端于率属）。当时官也好，民也好，犯了事都要打板子，但游日章很少打人板子，给人不怒而威的感觉（不捶楚而威可畏）。

但他并不是个硬心肠的人。

廉州大旱，他步行祈祷了整整三日，终于盼来了天降甘霖，他高兴地在祈祷用的柱子上题诗："天牧有心留寸土，良民何事入公门。"——老天爷您有心让百姓存活，他们有什么事需要惊官呢？

廉州地处偏远，当地人结婚，男方给女方几个槟榔就算订婚，不像其他地方有一套婚聘成礼的仪式，因此经常出现悔婚的情况，纠纷不断。游日章不遗余力地推广婚姻礼仪，

使它在廉州府得以流行，避免纠纷。

知府是地方老大，但知府之上，还有派驻主管刑狱及治安事务、纠察官员的监司。经常有人被监司拷打致死，府里谁也不敢出声，但游日章不怕得罪监司，据理力争，不少人因此获救（民有毙监司之杖下者，长吏不敢请，公独争之，多所存活）。

游日章在廉州曾捐出薪水，发动集资建了一座"永济桥"——最早的"西门桥"，现在的"惠爱桥"，极大地方便了群众的出行。

像嘉靖年间同是廉州知府的黄文豪一样，游日章也是在任上以身殉职。去世时身上只剩下约半年工资，连送棺归葬老家的钱都不够（发其囊，惟余半载俸，未足充舆榇之费）。

游日章与廉州的缘分传到了儿子游伯槐身上。

万历三十五年（1607年），游伯槐考中进士，官当得比他爹还大，先是"国防部交通司司长"（兵部车驾司郎中），后来升为负责广东雷廉军备的"省长助理"兼雷州、廉州负责人（广东布政使司右参政雷廉兵备，兼摄雷州、廉州知府），退休前先后当过云南、广西按察使。

游伯槐有乃父之风，驻守廉州时"视民如家人父子"，大家都觉得古话说得不错，"有其父必有其子"。

父子两个"人去政声在"，给莆田与廉州结下了一段历史善缘。

一位廉州籍高级干部的"先进事迹"

　　花草树木"墙内外开花墙外香",人也一样。明朝嘉靖年间的钟振,是土生土长的廉州人,但当地很少有人知道这样一位异地为官、上书入传的廉能之吏。

　　明清两朝,廉州府乡试共出过一百五十一位举人,常科考试中有进士十九名。但这是"不完全统计",比如进士中不包括皇帝登基、生日等"非常科"取录的恩科、赐授之类。

　　此外,明朝从朱元璋立国(1368年)起,到明宪宗成化八年(1472年),廉州府曾设立石康县,其间一百多年,举人进士的名单上一个廉州籍的都没有。

　　总的来说,地僻民穷的廉州府功名寥落,"出人"不多。能考上举人、进士的都是堪称人中龙凤的佼佼者。

　　史书中没有钟振乡籍和出身的记载。只知道他在嘉靖四十年(1561年)由府里推荐参加进士考试,翌年考上二甲进士。他任过朝官,也辗转多地当过地方官,官声斐然。

　　中国传统的文官制度,科举是官员的正途出身。一般来说,一甲的状元、榜眼、探花都进翰林院,二甲、三甲的进士,经过"试用期"(观政)后任实职,或者是在中央机关任给事、御史、主事、中书、行人、评事、太常国子博士之类,相当于处级或正科级的主任科员;或者外派到地方任知县、县丞、推官之类。

钟振考中进士后，先是"知滁州事"。这个职务相当于县处级干部，正七品官，但相对更重要一些。史书称他"亟除夙弊"，雷厉风行地推行改革。但才干了六个月，因为父亲（或母亲）去世离职回家守丧（寻以忧行）。

按照礼制，父母去世要守丧二十七个月，但位子却不会留着。重新"出山"（起复）即使有空缺，还得有人推荐。钟振获得推荐，补了安徽广德知县的空缺，后来又调到江苏嘉定县。

无论是在滁州，还是在广德、嘉定，他任过职的地方，都建有生祠铭记他的德政。

许多人都知道大太监魏忠贤立生祠留下千载骂名，其实为职官立生祠从汉朝就有了。对有德政的官员，"民甚恋慕，共为立生祠，塑其像，以广其报"，与"德政碑""去思碑"是同样的路数。

历史上立生祠的情况十分复杂——本来对为官一任者的评价就不是非黑即白，由于立祠泛滥，名不副实的不少。但不可否认，作为对官员的一种鼓励和旌表制度，并不是所有生祠的受敬奉者都是不够格的。

上述几处生祠，记载着钟振做过的事：盘清当地的田亩家底，摈除溺死女婴的陋习，开辟市场，疏浚环绕学校的水渠，祭祀水神禳灾祈福，组织抗疫，禁革师公巫婆迷信活动，大力兴建学校，还修建了一个九龙滩水利工程。

由于钟振实施这些善政，任职的地方出现了麦子开双穗、竹子并生六节等吉象。

古人讲"天人感应"，德政感于天，民众喜欢拿这些东西来渲染，不必太过当真。但将这些祥瑞附在谁身上，一般来说这个人都是做了好事，是公认的好官。

钟振后来"擢守云南"。云南地处西南边陲，当地民智不开，教化不到，他发布通告，推行礼仪，移风易俗，鼓励垦荒耕作，发展蚕桑业，从严执法，不办"关系案""人情案"。还曾因平定部落造反，获得皇帝表彰奖赏（持法毫不假借，以靖猺功褒锡赐赠）。

古代志书的记载，大都比较抽象，修史者像现在一些人写材料喜欢对仗和用排比句一样，玩弄词藻，多用骈文，缺乏具体的事例，像司马迁的《史记》那么生动的极少。不过做过的一些好事，还是可以从中找到旁证。

尽管钟振官当得不错，但他的仕途并不顺，他当过"民政部司长"（户部郎中），最后升到正四品的福建按察司副使后，弃官回家，原因是"介性忤时"，也就是性格耿直，不合时宜，触犯了上司。

告老回家后，他并没有闲着，专心致志地做起了编辑地方志的工作。隆庆四年（1570年），他编纂了一部《廉州府志稿》（手较郡乘，悉于旧志）。

传于后世的崇祯版《廉州府志》，就是兵巡道张国经以钟振的书稿为蓝本修编而成。张国经饮水思源，给钟振的故居题写了"文献遗风"的匾额。

钟振除了编纂府志，还应邀为在廉州任职的官员写过两篇碑文，一篇是《掌教林侯去思碑记》（见《以德服人的"林校长"》）；另一篇是《郡守星冈王公遗爱碑》（见《三月"短命"知府，民众勒石铭碑》）。他借评价和褒扬在家乡受到民众怀念的好官，表达自己的为官理念。

钟振显然是喜好"舞文弄墨"之人。他回乡之后，寻芳探胜，流连地方风景，到过合浦闸口的仙人桥、北流葛洪炼丹的勾漏洞，还游览了十万大山，留下了一些咏诵山水风物的诗歌。

他为什么说"廉州为官，须得廉吏"？

"男怕入错行，女怕嫁错郎。"传统的说法，男人要建功立业，入错行的后果是一事无成。

古人入错行不只是自己一事无成，还会株连后代。明朝实行分籍制度，比如你是匠人出身，你的儿子是不能参加"高考"（科举）的，入了匠籍等于堵死了靠读书做官这"华山一条道"。

明朝的分籍制度沿袭元制。按一个人的职业，规定其不同的地位、待遇，"民以籍分"，有官、民、军、医、匠、驿、灶等籍。此制的一个基本特点就是子承父业，比如驻各府县的卫所百户、千户，一般都由"军户"世袭。

祖上是铁匠、木匠、石匠、剃头匠、杀猪匠等的，后代都属于"匠籍"，入了匠籍的，"皆世其业，以应差役"。

不过，因为这项制度太过不合理，而匠籍种类繁多，情况复杂，不能参加科举考试的规定，执行起来并不严格。

比如嘉靖年间就特别宽松，允许每年交一笔钱，就不用"应差役"（不从故业，以银代役），匠人的后代就可以专心致志地读书了。因此，嘉靖皇帝在位期间每年录取的进士，都有十四五名为匠籍出身。

嘉靖三十八年（1559 年），浙江安吉有个弓箭匠的儿子张士纯考中了进士，他曾经当过驻廉州府的雷廉兵备金事，后来还升到了从三品的广西参政，相当于副省长。

张士纯生于正德十三年（1518 年）。他有七兄弟，因为是弓箭世家，七兄弟的名字都有"纟"旁。

按照当时匠籍"六丁留三"的规定，张士纯和大哥张士绸都得以参加科举考试，成了"公务员"。

整个明朝二百七十六年，八十九场科举考试，中进士的两万多人，对谁来说都无异于中彩；而一个做弓箭的后代中进士，简直是中了"超级大乐透"的一等奖。

但如果认为张士纯是侥幸考上的就错了。张家虽是弓箭世家，却有崇尚读书的传统。父亲张茂每天干完农活，就捧起书来"啃"（治农事毕，则夹策读书不辍）。

在家风的熏陶下，张士纯十三岁进入社学，没过几年便考上了秀才。嘉靖二十八年（1549 年），他在乡试中以第八十一名的成绩考中举人，来道喜的人几乎踏破了张家的门槛。

张士纯中进士后，被任命为河南内黄县知县。像很多有信念、有情怀、有本事的地方官一样，他"廉能多惠政"。

经地方推荐和"组织人事部"（吏部）考察，张士纯获得提拔，担任"驻文教部纪检组长"（礼部给事中），专事弹劾纠察。

说是提拔并没错，都给事中为正七品，比知县（从七品）略大。给事中为从七品，但京官大三级，给事中直接对皇帝负责，职微权大，绝不是地方官可比的。

当了给事中的张士纯敢于"放炮"，所以朝中权贵和宦官对他都"惹不起躲得起"（中官朝贵，皆侧身避之）。

当然，打铁还需自身硬，这有赖于他自己行端坐正，为人检点。有一年，张士纯奉命到湖北册封藩王——受皇帝之命给皇帝的兄弟叔侄授予"王"的封号。

张士纯完成公务正待开拔回京，却发现住处堆满了礼品，装礼品带来的箱子也盛满了银子。

受皇帝委派，来给皇亲国戚册封，收礼本也属顺水人情，而且领的是皇帝亲属的人情，许多人求之不得，可以趁机拉近关系。

但张士纯没有这样想。他对主人说："要是我带这些东西回京，你让我说出去，还是不说出去？说，有损我的名声；不说，又有贪污之嫌。"

"你还是别让我受连累了吧。"说罢，他挥一挥手，不带走一片云彩，领着一干人马回京复命。

隆庆年间，张士纯担任广东兵备道佥事，相当于广东军区驻廉州府的最高军事长官。廉州府与交趾接壤，他亲临前线指挥战斗。

当时外寇入侵，张士纯观察地形之后，采取诱敌之计，用几匹马装作运送物资，引诱对方出击抢掠，派出奇兵绕到敌人背后，截断退路，一举将外寇击溃。他还曾因为讨伐平定著名的海盗林容，获得广东总督的奖赏。

广西称得上是张士纯的福地。他随后升任广西柳梧分守参议。当时疟疾流行，他仍旧如期赴任，采取得力措施防控疫情。由于工作出色，他被提拔为从三品的广西参政。

张士纯为官"老成练达"。他做过文官，也做过武官，称得上"文武双全"。他对在廉州为官有特别的心得体会。

他写过一篇《海北道题名记》，感慨廉州地僻山高，属于盗贼渊薮；又出产珍珠，是个"肥缺"。在廉州这个地方，不具备文才武略难以胜任；而不能清廉自守，又难以做到"出污泥而不染"。（监于盗薮而掌兵，非文事兼武备弗克；鉴于利薮而卫珠，非尘视珠玉而皭然不缁者，乌能蝉蜕于浊秽哉。）

"廉州为官，欲得廉吏"，从唐太宗改"越州"为"廉州"似乎就是一种共识。

宋朝刘攽起草任命左藏库副使纯昱为廉州太守的诏书，就提到合浦古称"珠官"，出产珍珠，手里有权就能发达，应该派廉洁的人主政（合浦之地，古为珠官，奇珠所聚，掌握致富，宜得廉吏为之守长）。

张士纯赞扬了毛吉、林锦，还有翁宴、王崇、翁溥、曾烶等曾担任驻廉兵备道的"历任领导"。而对其他人在这个民风剽悍（旷悍难制）的"边徼之地"，为了求稳，一味讲恕道，不敢严于治吏治兵的作为，他十分不以为然。

他谦虚地称自己在廉州为官"如蚳负重"，只是不计毁誉，不畏艰险，在职一天，尽责一日。

他总结了自己的四点心得：一是洁身自好，持身守廉；二是深入基层，扭转不良风气；三是各部门任用德才兼备的主官，防止作奸犯科；四是不怕责难，严明法纪。

张士纯身为高官，也是一个孝子。母亲陈氏生病期间，他多次回乡探望，延请名医诊治。母亲去世后，他回家守孝，不幸在孝期去世，天嫉英才，这位能臣只活了五十三岁。

破格提拔的"合浦县县长"

合浦廉州，廉州合浦，外人常搞不清这二者的关系。

合浦的历史比廉州更悠久，汉朝时就有合浦郡，而廉州到了唐朝才设立。合浦郡的地域也比廉州的大。

到了明朝，"笋子出林高过母"，廉州设府，合浦成了廉州府下的一个县。而现在，廉州又成了合浦县的一个镇。

清朝《廉州府志》里有一个县衙七品芝麻官合浦"县长"（县令）的故事。

这位"县长"姓胡，名济世，听这名字会让人想到"悬壶济世"。

"胡县长"的老家是江西泰和，嘉靖三十二年（1553年）到合浦任职，嘉靖三十五年（1556年）被提拔为安徽宁国府知府，这可是"破格"提拔。

明朝没有"两会"换届之说，吏部对官员三年一考核，因此三年算一任。说长不长，说短不短，民间过去流传一句话"当家三年狗也嫌"，大约就源于这"三年一考"。

胡济世1553年冬上任，到1556年秋考核时实际未任满。明朝官员一般要任期满了，经过考核合格后才能升迁或调动，如果三年满了没动，那就得干满六年。

但三年未满的"胡县长"却获提拔为宁国府知府。到底是上司看他在廉州官声好，还是人才难得，把他从这边鄙之地调回内地？

旧时惯例，官员离任，都要立"德政碑"。"胡县长"的德政碑上记录了他在合浦做的事情。

胡济世到合浦前，由于苛捐杂税，很多合浦籍村民逃到别处，新知县一到，他们都拖家带口回来，"诸户各归业"。

"胡县长"的前任是谁，我未能查到。碑文上说"合浦之民淳朴易治，而亦虐"，"虐"翻译过来就是剽悍、暴烈。

"官贪"与"民虐"，就像鸡与蛋，不好说孰先孰后，孰因孰果。那些脱籍逃亡后回来的合浦人，显然把胡济世当成了救星。

胡济世名副其实，有"济世"情怀。仅仅两年，他对民情疾苦了解得一清二楚，实施的各种民生举措更加到位（居之二载，瘼求而情已悉，惠宣而泽益流），成为一个深受民众爱戴的"父母官"。

碑文称胡济世平易亲民，从不做那些邀名求誉、满足一己私利的事，概括了"胡县长"五个方面的善政：

于里役省科派之烦而正自供，

于编徭绝贿嘱之弊而力自均，

于征科免鞭笞之扰而赋自办，

于讼狱持听断之公而牒自清，

于委任竭心力之勤而上自获。

这串排比句，全面概括了胡济世在合浦的政绩，勾勒了一个刑简政清、公正廉洁、恪尽职责的循吏形象。

这串排比句虽有气势，但我并不喜欢，这些话太虚，类

似的溢美之词，经常被放到一些昏官、庸官、贪官身上。

"过"可以文，"非"可以饰，但"事"却不好作假。碑文提到了胡济世两件让人印象深刻的事。

一件是"胡县长"临近考绩，要到上面汇报工作，衙吏按惯例向各个里（五家为邻，五邻为里）摊派二百多两银子作为差旅费，"胡县长"却全部免掉。

另一件是"胡县长"汇报工作回来没多久，就接到了升迁令。升官按惯例下属都要随礼，但大家的贺礼"胡县长"分毫不收。

官场最讲究规矩，为官做事，新规易立，成例难破。依例而行，错了也无可指责。相反，别出心裁，"另起一行"，对了也常会招致物议，被视为官场"另类"，轻则认为你标新立异，不近人情，重则觉得你是沽名钓誉，标榜"世人皆浊我独清"。

碑文作者姓郑，名应科，是嘉靖年间合浦著名的笔杆子。他还写过一篇《廉山堕泪碑记》，介绍了嘉靖年间鞠躬尽瘁倒在工作岗位上的知府黄文豪。

因为郑应科留下的这些文字，人们知道了廉州历史上这些两袖清风、造福民众的廉能之吏，他们的美德得以传播，后人有了学习的榜样（播美将来，矜式有位）。

"胡县长"的德政碑早已不知去处，要是没有收录在府志的这篇碑文，他在合浦为官一任的政绩，也早已湮灭无闻。

国人有敬惜字纸的传统，文字比金石更坚固，应了古人的话："不朽在人心，非俎豆碑碣之能为不朽也。"

三月"短命"知府，民众勒石铭碑

明朝官员"三年一考"，也可以说是三年一届，升迁、平调、罢黜均以考绩为依据。

廉州有位知府，只当了三个月，离任后民众居然给他立了"功德碑"，还上书入传，实在不多见。

他叫王如瓒，江西人，举人出身，嘉靖四十三年（1564年）十二月庚寅，从"建设部司长"（工部郎中）到任廉州知府，翌年三月壬戌离职，在任仅九十三日。

短短三个月，屁股还没坐暖，他能做些什么呢？

王如瓒的功德碑，全称是《郡守星冈王公遗爱碑》，是一个叫钟振的人写的。

钟振是合浦人，时任安徽滁州知府，因父亲（或母亲）去世回家守孝，家乡的父老乡亲找上门请他撰写碑文。

钟振的笔下或者说他心里的家乡，是一个山高皇帝远的偏僻贫穷之地（僻在南海之堧，去神京且万里，民寡而食贫），在这种地方，民众唯一的依靠就是所谓的"官员"（有司）。

用现在的概念说，中国历史上一向就是"大政府"观念，官员身系保境安民之责，皇权虽不下乡，但职责无所不包，无处不在。

清朝时河南内乡县衙有一副著名对联：

吃百姓之饭，穿百姓之衣，莫道百姓可欺，自己也是百姓；
得一官不荣，失一官不辱，勿说一官无用，地方全靠一官。

桂林靖江府也有一副对联：

职在地方，但无忘该管地方，即为尽职；
民呼父母，倘难对自家父母，何以临民。

只要读懂了这两副对联，就会明白为什么古人把地方官称为"父母官"了。

钟振以知府之身回到家乡，看到阡陌村落的一景一物，听到父老乡亲的所言所语，心里激发的应该就是与这两副对联同样的感受。

钟振描述了家乡民生凋敝的背景：因为周边不安宁（廉州府境与安南接壤），兵燹匪乱，不时还遇到旱灾或水灾，经常颗粒无收，村民四处逃荒。一些地方官不仅不抚恤民众，还进行盘剥压迫，搞得城里的人躲到乡里，乡里的人躲到山里。逃到别处，然故土难离，都是没有活路才被逼如此。

钟振饱含敬佩之情记述了老家的父母官王如瓒的事迹：

王公到任后，深知地方疾苦，以造福苍生为己任，治理宽松但不放纵，严厉又有章法，审理案子不用施加刑罚，犯人就能坦白罪状。他事必躬亲，亲自审定每份判决文书，有效地防止了衙门里的猾吏"靠案吃案"。

王公对下属管束严格，防范胥吏耍心眼做手脚，只要胡来就会受到惩处，还开除了作奸犯科的人，衙门风气为之一新。

王公绝不让一户群众受饥挨冻，努力保障他们的生活。征用工具器物或安排杂役，都按需而取，做到适可而止。

廉州的百姓最为痛苦的，就是连坐受累，往往一个人犯了法，其亲友就算住在深山沟里，也会被牵连追究，搞得他们动不动像野猪老鼠一样四处逃窜。王公了解到这种情形，严厉禁止，几乎所有的人都对此拍手叫好。

廉州盗贼多，过去一直征调各家壮男守护城池，既没有战斗力，还影响耕作，耽误农令。王公废除了这种做法，治安反而好了起来。

朝廷为了征购珍珠增加赋税，有的人家绳床瓦灶，也被当成富户，他们为了纳税只好变卖家产，卖儿卖女亦随处可见。王公把赋税折成丁粮，限定数额，使得百姓稍微缓了一口气。

钟振列举了王如瓒的政绩，还赞扬了他的人品："洁白自将，门杜私谒。"意思是清廉自守，不让"走夜路"的人登门搞关系。

他称颂王如瓒为民申冤，关心孤寡，使好人得到撑腰，坏人不敢作恶，廉州百姓过了三个月的安乐日子。

钟振还记下了乡民告诉他的王如瓒离任时的一幕：男女老少难舍难分，纷纷涌上去脱下他的鞋子。

过去一些受民众爱戴的地方官离任时，人们会留下他的鞋子，挂在城楼，甚至专门建亭子纪念，表达对其惠政的铭记；同时也是希望继任者能"沿着其足迹前进"。

明朝规定官员七十岁"退休"（致仕）。《廉州府志》

称王如瓒"以礼致仕"。他不是到点退休，而是自愿去职，大概是父母去世的缘故。

钟振感叹，王如瓒在廉州任职只有三个月，百姓对他的离开如此伤感，把他比作另一位深孚众望的知府张岳。为什么这么短时间就能赢得民心？没有别的，"这就像是饥渴的人得到了食物"。

钟振的言外之意是，与其说是王如瓒的功德，不如说是先前的地方官施政太"烂"，老百姓过得太苦，就像"溺水之得片板，大旱之望云霓"。

钟振说，老百姓这样的心理，不会因为对官员的评价好坏而改变。那些鄙视任职所在地，把当地百姓当成愚民，只觉得自己了不起的为官者，见到这块碑应该有所触动。

古代有"五日京兆"之说，意思是刚上台又下台。为官三个月，民众就勒石铭碑纪念其功绩，说明王如瓒到任后孜孜不倦，汲汲以劳，一天也没闲着。主观上他有无愧于国家俸禄的自觉，客观上也可管窥当时地方官的工作压力。

钟振笔下的王如瓒让人想起唐朝名相宋璟，他同样因为关心民生疾苦，救苦拔难，被称为"有脚阳春"。

王如瓒在职九十三天，泽被廉州，有如春风送暖，但在一个民众不能当家作主、不能决定官员来去的时代，遇上这样的好官，只不过是地方中了彩头，他们的德政真的只是一阵风而已。

一位"倒霉"官员的官德

明嘉靖三十九年（1560年），正是严嵩当政气焰最为嚣张之时，倭寇为虐，国库空虚，甚至因为削减军饷，引发了抗倭部队的兵变。在这种情形下，全国各地的乱局可想而知。

廉州府虽然地处岭南一角，同样是内生匪乱，外遭寇袭，治安形势十分复杂严峻。对于保境安民的地方官来说"压力山大"。

但嘉靖皇帝朱厚熜对此浑然无感，他从嘉靖二十二年（1543年）起就不再上朝与百官见面，而是和一班道士整日切磋，沉溺于炼丹修仙中。

面对如此内忧外患，嘉靖皇帝非但没有收敛铺张享乐之心，反而变本加厉地屡屡颁布采珠令。以前还是十五六年一采，或者十年一采，嘉靖年间却是三年一采，"所得皆碎小"，形成了恶性循环，越是得不到大珠，越是滥采；越是滥采，休养生息不够，越是没有大珠。

嘉靖三十九年（1560年）冬，廉州府再次接到采珠令。当时的知府是江西人熊琦。

采珠虽然由驻守珠池的太监统筹，但是筹集船只、招募人员、准备粮饷箩筐都是地方官的事。

为了确保采珠顺利，廉州府的壮男军士几乎全数入役。

廉州府管辖的钦州境内有一伙悍匪，人称"八寨贼"，人多势众，仗着山高林密，多年来四处劫掠，官兵多次围剿都劳而无功。

土匪探听到守城官兵已经离开，决定乘着夜色偷袭廉州城。他们派人用抛掷绳索攀上城墙，巡逻的十几个府兵寡不敌众，全部被杀，城里的老弱妇孺更不敢反抗。土匪目标明确，捣开府署的仓库，将巨额库银全数掠走，并放火烧毁了后衙。

堂堂府署竟被强夺库银，这一劫案震动一时。一个叫蔡结的御史很快向朝廷报告了此事。

按照"有关规定"，凡库银被盗，一律按失窃数目，由当地官民摊派抵偿。

熊琦向都察院来调查的人表示，一切罪错由自己个人承担，听凭国法惩处，只是希望不要增加吏民的负担。

（会采珠，守城悉老弱，有山寇越城劫去库金。公宁坐不职，不欲扰民。其功德庇廉者大矣。）

熊琦等待处分，转眼到了翌年三月。大概是听说山贼劫走库银的事，一伙海盗觉得廉州是一个软柿子，有机可乘，也来进犯廉州。

熊琦接报后，率领府兵赶往城郊海边迎敌。他一马当先，乘船朝海盗船队直冲而去。

海盗们纷纷射箭放炮。熊琦挺立船头，凛然如一尊战神，完全把生死置之度外。奇怪的是，那些箭炮一点也没有伤着他，海盗以为他是天神附体，连忙掉转船头，乘着潮水逃之夭夭。

（时有海寇登岸掠民，公身先冒矢石，势逼寇舟。寇铳如雨，皆不能犯。寇神之，胆丧心寒，乘潮遁去。）

赶走海匪不久，皇帝签发的处分决定下来了：熊琦和一名驻地军官以"失事罪"被免职，另有一名军官"戴罪捕盗"，廉州府吏民没有依例摊派抵偿失银。

《廉州府志》称熊琦"廉平刚正，不避权势"。比起面对悍匪，不惜性命冲锋在前的英勇之举，他在库银被掠一案中勇于担当责任，不连累他人，不给民众添加负担的为民之心，更加令人敬佩。

"以人为鉴，可以知得失"。熊琦虽然是个时乖命蹇的"失败者"，但是他"宁坐不职，不欲扰民"之举，在明哲保身、推过揽功风气浓厚的官场中，无疑是一面对照"做人之德""为官之品"的亮晃晃的镜子。

合浦一位"全国模范县长"

明万历八年（1580 年），合浦来了一位叫单辅的新"县长"（知县），福建人。

隆庆皇帝登基那年（1567 年），朝廷恩贡招才，单辅考进"国家干部学院"（国子监），肄业后被任命为合浦知县。

合浦虽然*"离京师万里之遥"*，但是因盛产珍珠，一些到此为官的人，把它当成肥缺。

珍珠虽然属于天然出产，却是皇帝的禁脔。明朝自英宗皇帝开始，朝廷一直派出太监驻守合浦监采珍珠。但大海无盖，盗采珍珠的情况时有发生。

单辅到任之后，廉州盗采珍珠的事就惊动了皇帝，成了朝廷"挂牌督办"的全国性大案。单辅是地方官，守土有责，破案缉盗的事自然落到这位新"县长"身上。

单辅明白，这珍珠一不能吃，二不能穿，它只是富贵人家的珍玩，他打算从珍珠的去向查起。

俗话说"瞌睡来了有人递枕头"，正在这时，有人给他送来了成斗的珍珠，请他高抬贵手。

拿这么多珍珠行贿，送礼的人似乎胸有成竹。"火到猪头烂，钱到公事办"，这一招以往应该不止一次"手到擒来"，没想到这回遇上了一只"不吃腥的猫"。

单辅将来人扣住一审，顺藤摸瓜，便将盗贼一网打尽。

经此一案，大家都知道新知县的确有两把刷子。

对单辅来说，他虽是所谓"牧民之首"，但也只是个七品芝麻官。"强龙难压地头蛇"，"识相"的知县一般都会与地方豪强搞好关系，起码不会主动去得罪。

但单辅有些"不识相"。

当时张居正大刀阔斧搞改革，针对地主豪强大量兼并土地，隐粮逃税的情况，推行了"一条鞭法"，在全国重新丈量土地，造册入户，合并税赋。

在单辅推进这项工作时，合浦有豪强地主登门送上数千两银子，提出种种理由，希望知县大人只按丈量的半数造册上报。单辅断然拒绝。

单辅不买"地头蛇"的账，但该升官的还是升官了。

这也得感谢张居正的"考成法"。朝廷按照各级官员职责，列出相关事务的清单，除每月由六部和都察院考核外，"三年一小考、六年一大考"成为决定官员升降的关键。

单辅在合浦干了六年，大考之年所有的政事都圆满交差，大家无话可说(人皆钦服)，"以政绩升广西平乐府通判"——相当于府里的第三把手。

出人意料的是，单辅并没有春风得意走马上任，接到任命状后，只有四十八岁的他直接辞职回了老家。

天晓得发生了什么事，史书里没说。

谣言随之出现。仕途中人对升官都梦寐以求，他又正当年富力强，对好不容易到手的乌纱帽却弃之如敝履，恐怕连普通百姓也会觉得"此事必有蹊跷"。

有捕风捉影者告状，说单辅在合浦收受了大量珍珠带回老家。

都察院派人到福建德化调查。发现单辅回家后住在老房子里，身无长物，一家人粗衣粝食，连个仆人也没有。

单辅的儿子给办案人员端茶倒水，老婆见官员到家里来，便捡了家鸡下的几只蛋，做成煎蛋待客。

关于单辅生活朴素，他老家还有个传说：

单辅辞官回家后，他的老师李廷机大学士来访，单辅设家宴热情款待。酒喝得七七八八（差不多），伙房锅里咕噜作响，李廷机问到底有什么"珍馐美馔"还没上桌？

单辅回答，锅里煮着"清廉骨"。

李廷机走进伙房揭开锅盖，只见一锅沸腾的白开水，泡煮着当年皇帝赐的知县官帽的尖顶，不禁朗声大笑。

都察院查出单辅是个清官，回朝如实奏报。万历皇帝深为感动，下旨把单辅树为全国知县学习的榜样，并亲笔题词"清廉"制成大匾，以示表彰弘扬。

单辅弃官回家，清贫度日，从来不见官，也不揽公事，一心服侍高堂父母和著书立说。如他退休后写的《宦成游旧馆》所称："谈笑多非旧相识，文章半是再安排。"

单辅写过一篇《百劳传》，劝导人们孝敬父母——也许照顾双亲正是他弃官归乡的原因。

单辅在隐居七年后辞世，死的时候几乎无人记起他曾当过六年知县，还曾升职通判。

只有单辅的老师李廷机还记着这个特立独行的弟子。身为"文教部部长"（礼部尚书）的李廷机，连续三次向常年不上朝的万历皇帝推举单辅为乡贤，入祠祀奉。

李廷机把单辅比作历史上悬鱼留犊的清官羊续和时苗，认为他人品高贵，克己奉公，升官后弃职而去，心地坦荡，出处光明。

李廷机的推荐得到了万历皇帝的首肯，万历皇帝把单辅的旧居赐名为"金城堂"。朝廷批准专门在单辅老家建一座"廉坊"，摆上万历皇帝赐的"透脚香炉"和"烛台"祀奉单辅。

一个小小知县，"清介自矢，执法不阿，廉明公正，不染百姓脂膏，不取合浦一珠"，清廉自守，得到了皇帝的褒赏，称得上备极哀荣、死得其所了。

你视珍珠如膏血，我送几滴离别泪

太监在秦朝就开始有了，不过那时候叫宦官，就是负责宫廷杂事的奴仆。皇帝要的是千秋万代，一统天下，而太监是净过身的，皇帝便觉得他们"即便能篡权也未必能夺位"。于是在皇帝眼里，太监的忠心是其他朝臣所不能比拟的。

这些太监每天在宫里转悠，为皇帝传旨办事，是皇帝信任的人。由于宦官与皇帝的关系密切，汉、唐两朝都不可避免地出现了宦官专权现象。

但人们对太监"威风八面"的印象，主要还是在明朝形成的。朱元璋登基后生怕丞相篡位，连杀了李善长、汪广洋、胡惟庸三个丞相后，干脆连根拔，把丞相的交椅也撤了，让六部直接对自己负责。

皇帝"累成了狗"，太监的"苦劳"自然变得更加重要。

但朱元璋也明白，一味倚重太监不妥，于是下了一道圣旨：内庭不得干预政事，犯者斩，并规定太监不得读书识字，各个部门"不得与内官监文移往来"。

朱棣从亲侄子手里夺得皇位后，设立了有顾问权而无决策权的内阁，又担心召集人（内阁首辅）变成事实上的丞相，便用太监加以牵制。这样一来，太监不能参政的规定就成了废纸。

明朝太监"人才辈出"，涌现了汪直、王振、刘瑾、魏忠贤等"著名宦官"并非偶然。它印证了权力与腐败"如影随形"的必然规律。

争名逐利、骄奢淫逸、好大喜功……种种腐败的表征，归根结底缘于该死的人性。太监虽然身体少了些"零件"，但是有了权，也跟其他人一样变坏。

合浦出南珠，"富者以多珠为荣，贫者以无珠为耻，至有金子不如珠子之语"。珍珠更是皇帝的最爱。洪武三十五年（1402年），朱元璋在广东布政司安排太监专管采珠事务。明英宗继位后，嫌管理不到位，一竿子插到底，将太监派驻到基层直接看守珠池，并负责执行皇帝的采珠令。

这些身为钦差的太监，"驱无辜之民蹈不测之险，以求不可必得之物，而责以难足之数"。他们不仅成为百姓的祸害，与地方官也多有不协，摩擦不断。

景泰年间，廉州知府李逊因多方制止珠池太监谭记的手下作恶，被谭记诬告"纵容民众盗珠"。李逊在狱中检举谭记杖人致死强抢民财。两人在皇帝面前对质，最后李逊"咸鱼翻身"，官复原职，谭记则被依法惩办。

天顺年间，广东按察金事毛吉巡察廉州，遇上珠池太监抓了几十名珠民，太监为了索贿，严刑拷打珠民至奄奄一息。毛吉大为震怒并痛斥珠民没有死在强盗刀下，却差点死在太监手里。毛吉将珠民全部释放，并将结纳太监的奸人逮捕法办，大家都拍手称快。

正德年间，浙江人沈纶任廉州知府，珠池太监韦辅自行处置盗珠乡民，滥施刑罚。沈纶据理交涉，并将"凌驾于法律之上"的韦辅手下逮押入狱，迫使对方服法认罪。

但太监毕竟身衔皇命，甚至可以说是皇帝的化身，地方官在与太监的冲突中，总体是胜少败多，徒呼无奈。

嘉靖年间，廉州府接到朝廷的采珠令，知府熊琦劝阻无效，只好派府兵配合太监出海。盗贼乘虚而入掠走库银，熊琦不愿连累部属和府民，主动请罪被免职。

万历年间，珠池太监李敬的亲信"擅杀人"，海北道副使伍袁萃将其"捕论如法"，李敬倒打一耙向都察院诬告伍袁萃。伍袁萃先是"不再兼守珠池"，后来负气掼掉乌纱帽回了老家。

廉州历史上清官迭出。也许应感谢这些"倚势为奸、专权滋事，害有不可胜言者"的珠池太监，因为他们的无恶不作，成就了历代清官循吏的令名美誉。

合浦南珠溢彩流光，富贵炫丽，采珠却是荼毒一方、凶猛如虎的苛政。圣旨降临，"每次费舟筏兵夫以万计，死亡无算"。如弘治二年（1489 年）采珠，军壮船夫病故的三百多人，溺死的二百八十多人。明朝广东巡抚林富感慨"以人命换珠"；套用鲁迅的话，采珠史"满本写着两个字：'吃人'"。

万历年间，河南固始人方端出任驻扎廉州府的海北兵巡道副使。

兵巡道是相当于集"中纪委、监察部、最高检察院、审计署"等职能于一身的按察院的派出官员，属于所谓的"风宪之官"，专事督察官员，并协理军务。海北兵巡道还有一个职责，就是协助太监守护珠池、办理采珠事宜。

方端接到采珠令，对采珠实在是不情不愿，但职责在身，不仅要参与其中，还要确保不出纰漏。一个人要全心全意去做一件自己抵触的事，心情可想而知。

方端忙前忙后，四处张罗。待到采珠回来，方端检查各船"收获"，看着熠熠发光的珍珠，忍不住感慨："这些可都是生民膏血呀！"

（时值开采，虽身在其中，一见蚌珠，即曰：此民膏血也。）

将珍珠说成"生民膏血"的，还有一个人：元朝的仁宗皇帝。有一次"身边工作人员"跑来告诉当时还是皇太子的仁宗皇帝市面上有漂亮的大珍珠出售，仁宗生气地说，他最不喜欢佩戴珍珠，那些都是"生民膏血"，要求近侍不要拿这些奢侈的东西引诱自己。

皇太子可以"打胡乱说"，而方端这样说，实在是"不讲政治"。幸亏"口没遮拦"的他没有被人参上一本。

兵巡道是钦差，太监也是钦差。方端把珍珠视为生民膏血，对吸取膏血的珠池太监自然没有好感，尤其看不惯太监的手下仗势欺人，他对此一律不予通融，依法惩处。（内官爪牙一以法绳之，故民不至受害。）

情为民所系的方端，对万历年间张居正推行的"考成法"，从独特视角持批评态度。

"考成法"跟现在的绩效考核差不多，只不过更加严苛。它把地方官的职责列成清单，定人定责定期限，逐月检查。的确，这对于当时慵懒无为、得过且过的官场习气，起到了秋风扫落叶的效果。

征收税赋是地方官最基本也是重要的职责。府、州、县的税赋凡有拖欠，虽不一定影响地方官调动升迁，但官员必须在规定期限追讨完成，追讨期内留职察看，停发工资，逾期则贬官降职。

明朝官员"三年一小考，六年一大考"，任满转岗转任，需到"组织人事部"（吏部）开具一份工作证明（给由），标明拖欠税赋多少，什么时间完成。

轻徭薄赋是历史上良心官员的基本政策，也是百姓认可好官的重要标准。民为邦本，正统观念倡导体恤民生，重抚轻敛。而考成法推行之后，官员为了升迁，只好采取严苛手段课税征赋。

方端愤然上书，指责考成法使得横征暴敛的官员平步青云，抚恤百姓的官员遭到惩罚，这简直就是教人做贪官酷吏（以致深刻者获超迁，抚字者多后患，此其诲人贪酷）。

《廉州府志》记载，方端为官"宽中有严，操守冰洁，秋毫无染，一意爱民，下士素慕"。他每个月给府学的学生上课，并拿出薪水设立奖学金。还在廉州修建了纪念汉朝清廉太守孟尝的孟公祠。

"官场异类"方端最后因为采珠之事与太监不和而去职。

官场失意的他离开廉州时，"干部群众"络绎不断，流着眼泪把他送到了百里之外。

（以开采事与宦官不合，遂乞罢。士民送者垂泪，攀辕百里之外。）

历史上能得到百姓几滴眼泪的官员，又有几人呢?

一位自带干粮下乡的县官

写《夜航船》的张岱八岁时，见到了骑鹿来家里做客的陈继儒（陈眉公）。

陈眉公拿墙上的一幅画出对子考他："太白骑鲸，采石江边捞夜月。"

张岱脱口对道："眉公跨鹿，钱塘县里打秋风。"

张岱看到陈眉公经常到家里"混吃混喝"，小孩子口无遮拦，便拿他调侃，闹出了这"目无尊长"的一幕。好在陈眉公并不为恼，对张岱的急智开怀大笑。

张岱没老没少地挖苦陈眉公"打秋风"，说明明朝"打秋风"的盛行。

"打秋风"原意指秋风把成熟的果实刮落地后捡起来吃不算采摘取用，借指趁机揩油，白吃白拿。

明朝实行"低薪制"，七品地方官的月薪仅相当于现在的一千二百元。"打秋风"即使不是有意鼓励，起码也是官场默许的"成例"。

最典型的就是官员考察视事，走到哪吃到哪，吃不了还"兜着走"。下基层公干，不交伙食费，属于典型的"打秋风"。

《广东通志》记载了一个很有意思的故事：明万历年间

合浦有个叫王兆魁的"副县长"（县丞），下乡办公事自带干粮；受了别人的招待，他也坚持交纳伙食费。

当时正值万历皇帝登基，皇帝的老师张居正坐上了相当于"总理"的首辅位置，掀开了轰轰烈烈的改革，最大的动作就是推行"一条鞭法"。

由于长期以来，全国各地豪强大量兼并土地，加上战争、寇乱、灾荒造成的逃亡，户口情况已普遍失真，大户有田不纳钱粮，偷漏国家税收，贫户被不合理摊派的现象普遍出现，弄得民怨沸腾。

推行"一条鞭法"的关键，是在全国重新丈量土地，盘清家底，保障每户的丁田一致。

这项工作非常繁重复杂，各个地方都需要举全府、全县之力才能完成。

万历初，合浦县户口登记约四千零六十户，一万八千三百多人。合浦倾全县之力落实中央部署，实行分片包干，衙门里人人有责。王兆魁自然也有自己包干的乡。

王兆魁已经担任了五年"副县长"，他淡泊名利，文章写得不错，不喜欢折腾掺和（莅任五载，淡泊自如，且文学优长，政治简静）。

那时候交通不便，每去一个地方都得好几天。以往凡这类公差，按照惯例是到哪个乡、哪个里就由哪个乡、哪个里负责接待。

王兆魁不愿扰民，一反常例自己带了干粮。

完成土地丈量任务后，想到大家共同努力，辛苦一场，水丰乡的乡长、里长特地请王兆魁吃饭。

王兆魁不好拂对方的意。吃过饭，他掏出银子交了伙食费。

王兆魁在吃饭问题上显得很"古板"，但他办事却很踏实。经他丈量的土地，既准确又公平，没有一个人提出异议。因为能力出色，王兆魁获得了提拔。

升官是皆大欢喜的事，无一例外要送往迎来。但王兆魁还是"我行我素"，谁也不让送，自己骑着马，挎着一个背囊就离开了，"干部群众"都很敬爱他（匹马肩囊，随身而已。廉介如此，士民至今羡慕不已）。

一个人持廉守道，离不开制度的约束和见贤思齐的学习教育，更重要的还是个人信仰，也就是所谓的"不想"。在官员普遍不交伙食费的情况下，王兆魁自己坚持这样做，起作用的就是他的本心。

王兆魁是江西泰和人，被特招进了国子监肄业，后安排到合浦当县丞（由恩贡历监授合浦丞），连个"正斗"（正牌）的"七品芝麻官"都不算，这种自觉自律"小处不随便"的廉洁风范却入史留名，赢得了后人的尊敬。

丧命囚犯枷下的巡抚

博白县毗邻北海市,在北海生活的外地人中博白人最多。历史上博白差点成为北海(合浦)前身廉州府属下的县。

这得从一个叫赵可怀的人说起。

说到赵可怀,又得先说皇帝的私房钱。

虽然"溥天之下,莫非王土",但是不等于国库的钱皇帝可以随便用。从秦汉起,皇帝就有"私房钱",正式的名称叫"内帑"。

明朝中晚期,一方面由于战争、平叛,供养庞大的官僚队伍;另一方面,因皇亲国戚、王公大臣大量兼并土地,钱财流入贵族手里,造成国库空虚,皇帝不得不用"私房钱"填补。

因为这种情况,明朝在位时间最长的万历皇帝被逼成了"财迷"。

他到处敛财,终于"敛"出一件轰动朝野的大案——害死了一位曾在廉州府任兵巡道的忠臣清官。

万历三十一年(1603年),明朝开国名将王弼的两个后人王守仁(不是那位心学大师)、王锦向万历皇帝举报:祖上王弼与朱元璋分封湖北的楚王是亲家,王弼出事时,曾把大量金银财宝转移到楚王家里。

王弼人称"双刀王",打仗勇猛,武艺高强,跟着朱元璋出生入死,为建立明朝立下汗马功劳。朱元璋坐稳龙椅后,诛杀蓝玉、傅友德等一干武将文臣,王弼也含冤被赐死。

朱元璋把一班"功狗"烹了以后,大概是心中有愧,又陆续给一些人的后人赏钱封官,王弼的子孙也承袭世荫当了将军。

王守仁、王锦要求皇帝做主,从现任楚王朱华奎手中追回那笔财宝。他们表示愿意把财宝捐献给皇帝。

从朱元璋到万历皇帝,已过了两百年光景,就算真有这堆银子,再如何物质不灭,也早已坐吃山空,变成空气了。但万历皇帝一听有钱,高兴坏了,因为这钱追回来就能充填内帑。他下旨命令湖广的地方官,让楚王朱华奎把那笔钱交出来。

朱华奎上书竭力争辩,声称绝无此事。地方官落实皇帝指示,上门清查,发现楚王府中只有区区十几万两现银,王守仁等人所说的那笔巨额财宝并无踪影。

得到禀报的万历皇帝心里很不爽,白折腾了一场,被打脸不说,还分文不获。于是楚王朱华奎主动提出,捐出一万两白银报效国家,万历皇帝这才转怒为喜。

朱华奎捐这一万两银子,也是另有苦衷:他之前被同宗子弟举报并非老朱家的血统,而是异姓冒名继承了楚王封位。

财宝的事情被朱华奎用钱摆平,但宗亲族人的气却平不了,他们策划了一出新版的"智取生辰纲",半路上将朱华奎这笔进贡皇帝的巨款劫走了。

自占至今,出了乱子,掉乌纱帽的都是属地官员。湖广巡抚赵可怀不敢怠慢,火速派人将劫皇杠的人抓住,带回关押。

万历三十二年(1604 年)闰九月二十四日,赵可怀开堂审理"劫杠案"。

毕竟是"龙王打架",赵可怀耐心劝导,申明宗礼国法。一个叫朱蕴钤的囚犯桀骜不驯,与他顶起嘴来。

这时候公堂外面一片喧哗,与朱华奎同宗的朱蕴鈗带人冲进抚院。朱蕴钤一看来了援军,冲上前,抢起手上的枷锁劈向赵可怀,猝不及防的赵可怀倒地身亡。

巡抚头上是"从二品"的乌纱帽,是如假包换的朝廷重臣。被打死的赵可怀更是"飞机中的战斗机",巡抚中的巡抚,在担任湖广巡抚之前,先后当过应天、保定、陕西、福建四省巡抚。

万历皇帝闻报大怒,下令湖广地方官以"谋反"治罪。最终,这起"劫杠案"首犯朱蕴鈗等二人被处死,从犯三人被赐死,其余涉案人员被判处终身监禁。

可惜赵可怀为官四十余年,一个无论是见识还是能力都称得上卓越超群的人中豪杰,横死在一个破落的皇亲子弟手里。

赵可怀与廉州有缘,未任巡抚之前,曾在廉州所设的海北兵备分巡道行署任长官,简称"兵巡道"。

兵巡道行署是明朝各省提刑按察使司的二层机构,每省分为数道,设按察分司,长官由按察副使、按察佥事担任,监察府、州、县的司法,查处违法官员,协理地方军务,级别与知府一样都是四品。

赵可怀在嘉靖四十四年（1565年）考中进士，先被任命为山东汶上知县。隆庆六年（1572年）担任兵巡道。

《廉州府志》称赵可怀"赋性刚方，不避权势"，那些陈年旧案到他手里，都能捋得一清二楚，得到公正判决。

也许因为他不是州府地方行政官，府志的记载十分简略，只是笼统地说他"留心民瘼，指南土类"，把民生放在心上，为地方兴教育。

较为写实一点的记载，是说赵可怀离开廉州行署时，囊中空空，大家都称赞他持廉守洁、品德高尚。他老家的《巴县志》也称赞他"居官四十余年，历抚五省，清贫如秀才时"。

古人说，"不谋全局者，不足以谋一域"，赵可怀为官长于统筹，"一盘棋"意识特别强。他在廉州任职时曾上过一道奏章，提出将梧州府博白县划归廉州府管辖。

廉州府当时管辖一州（钦州）二县（合浦、灵山），合浦县与梧州府的博白县、雷州府的遂溪县交界，山高林密，一直以来都是盗贼渊薮，匪患一直是历任廉州知府最为头疼的事，赵可怀形容"伏路截径，商旅惊心"。

由于廉雷一体，接到匪情，廉州府出动官兵围捕，匪寇一般不会逃往雷州境，而是逃往梧州府的博白县地界。

博白离廉州近，离梧州远，廉州到博白陆路仅需两日行程，而梧州到博白要六七日；如果走水路，廉州到博白只需三日，而由梧州溯流而上到博白则要十几日。

匪寇一旦逃出辖区，廉州的官兵不能越界捕盗，而要知照梧州派兵协助，等于搬远水来救近火。

身为驻廉州的兵巡道，赵可怀还道出匪患为虐不为人知的内情：一些博白的悍匪逃回境内，常常百般抵赖，到官府恶人先告状。他查看卷宗，发现很多案子都与博白有关，但十件里没有一件是得到答复的。博白的公务人员还通过限制和垄断合浦与博白的鱼货食盐交易来牟取私利。

赵可怀提出，如果把博白县划归廉州府，这些问题将迎刃而解。

可惜"议未果行"，万历皇帝并没有采纳他的建议。

江山固然是皇帝的，但皇帝不急太监急的事也是经常发生的。

赵可怀是有远见的，一直到崇祯年间，在廉州任职的郑抱素也上了同样的奏章，可惜此时大明气数已尽。

还有一件事可以看出赵可怀的视野和格局——

万历二十六年（1598 年），赵可怀在任应天巡抚时，听说绘制《坤舆万国全图》的意大利传教士利玛窦在南京，赵可怀情不自禁地对朋友说"我想见他很久了"。

赵可怀盛情邀请利玛窦到自己的驻地句容游览，挽留他待了整整十天，与他进行"无休无止的谈话"，话题包括数学、历法及欧洲社会的风物地理，赵可怀还请利玛窦制造历算仪器。

赵可怀还别出心裁地将利玛窦绘的《世界地图》刻在苏州姑苏驿的大石头上，亲自作跋表示赞赏。

正是看到这块石头上的地图，一个叫徐光启的青年大受震撼，选择师从利玛窦学习西方的天文、历法、数学、测量和水利等，毕生致力科技研究和传播，成了跨时代的大科学家。

十六世纪中国这样一位杰出人物，"轻于鸿毛"地死在了皇亲国戚的无谓纷争中。有人说这是赵可怀的劫数，但何尝不是大明皇朝的命数。

赵可怀死后，万历皇帝追授他"太子太保"，并颁旨为他举办隆重的葬礼，对赵可怀可谓备极哀荣，但对于国家，又于事何补呢？

汤显祖游涠洲为何写诗送他？

大戏剧家汤显祖上过一趟涠洲岛，成为这个北部湾第一大岛的"文化之光"。

汤显祖为此行写了一首诗：

日射涠洲郭，风斜别岛洋。

交池悬宝藏，长夜发珠光。

……

为映吴梅福，回看汉孟尝。

这首诗的诗引写道："阳江避热入海至涠洲夜看珠池作寄郭廉州。"

它一直被断句为：阳江避热，入海至涠洲，夜看珠池作，寄郭廉州。

我觉得那时候既没有手电筒，更没有探照灯，汤先生不太可能在夜里看到珠民在珠池采珠，他就是去看一看珠池。应断为"夜看珠池，作寄郭廉州"。

说一下"郭廉州"。

郭廉州原名郭廷良，福建漳浦人。万历十一年（1583年）考上二甲进士，万历二十年（1592年）任廉州知府。

汤显祖的涠洲诗，一向被认为是万历十九年（1591年）他在被贬放徐闻途中游涠洲时所作。我不以为然。

郭廷良在汤显祖登涠洲后一年才任廉州知府，汤先生不可能在郭廷良任职前就叫他"郭廉州"。

我推断这首诗应该是汤显祖在徐闻期间游览涠洲时写的。

涠洲当时属雷州府辖，汤显祖不是从廉州登船，而是从阳江入海。他在涠洲遥望一水之隔的廉州，把这首赞美风景、咏诵先贤的诗寄给了在廉州当"一把手"的郭廷良。

"诗向会人吟"，与性格耿介的汤显祖一样，他的这位朋友也是一位清廉有为的地方官。

康熙版的《廉州府志》有郭廷良的传记，称郭廷良"赋性敦厚，执法严肃，宽仁待下，清介自持，尤加意士类"。

"尤加意士类"，有两种理解，一是喜欢与读书人交朋友，二是特别重视教育事业。

这两点都有据可查。

廉州当时有个北园文会所，是嘉靖二十九年（1550年）到任的知府何御在绅士郑氏送给官府的荒地上所建。时过境迁，到郭廷良上任时，已过了四十多年，文会所已被地方豪强霸占。

郭廷良想尽办法把地皮要了回来后重新规划，恢复为文会所，把它变成了"沙龙"——廉州读书人切磋交流的地方。

他还亲自题词"文运重光"，专门做了一块匾额挂在文会所。

郭廷良经常到文会所讲课，点评学员的文章，并捐出薪水作为维持文会所运转的经费。

郭廷良尊重知识，尊重人才，表现在对读书人的爱护上。廉州的读书人蒙受委屈，郭廷良都努力为他们主持公道，平反昭雪。

由于主官树了榜样，廉州很快形成了浓厚的读书风气。

（旧有文会所久为势豪所占，力请恢复。扁曰："文运重光"，课士其中，捐俸供给，躬自评品。士有被屈，力为昭雪。一时文风彬彬振起。）

史书中还记载了郭廷良的另一件功德：他在廉州兴建水利工程，在清水江修筑堤坝，引水灌溉，把二十多顷坡地改成了水田，为老百姓提供了依靠（筑堤障清水江灌陆地为田二十余顷，民至今赖之）。

明朝官员"三年一考"，郭廷良万历二十三年（1595年）五月，被提拔为贵州监察副使，从正四品升到了从三品，进入了"高级领导干部"行列。

正是郭廷良在廉州留下了如此之多的美政，让汤显祖为他骄傲，称他为"郭廉州"，并把游涠洲所作的诗寄赠给他。

廉州历代"最佳知府"，他排名第二

有个商人突发奇想，想到个赚钱招数：开办一家公司，专门向那些年老色衰的贵夫人出租丑女当陪衬。这样一来，贵夫人参加聚会或在街头招摇的时候，就能像王朔小说的名字——"看上去很美"，吸引男人的目光。

这是法国作家左拉的名著《陪衬人》中的情节。念书时老师说左拉辛辣地揭露了资本主义社会对人的"物化"。

我感觉它更深刻的是揭示了人性：为了体现自己"高人一头"，人们无所不用其极地占据"鄙视链"的顶端。

尽管"人比人，气死人"，但社会上的确"比比"皆是，比有钱没钱，官大官小，学历高低，谁开的车好，谁的孩子更有出息……

为官一地也比，就算自己不比，老百姓也会比：谁的能力强、本事大，谁办成了事，谁发展快，谁运气好……

古人说"立德、立功、立言"，在历史长河中，位置就是舞台，官员都是跑龙套，谁的民望高、政声好，都由比较而来。

有明一代，据不完全统计，廉州一共有五十七位知府，最孚人望、功业最大的应属大儒张岳（字净峰）。

但还有一位，名字不太为人所知，却被《廉州府志》称为"净峰之后，此其最者"。此人姓周，名宗武，是王安石、汤显祖的老乡，江西临川人。

周宗武"学历"不算高，只是举人出身，但历练较多，任廉州知府之前，先后在湖南浏阳、湖北宜都当过"县长"（知县），在广东惠州当过六年副知府（同知）。

以我浅见，历史上的正统皇朝的治世，能升官有两点还是很讲究的，一是政绩，二是不出事。

九品以上为官，九品以下为吏，官员的乌纱帽理论上都由皇帝赐予。

为了江山永固，皇帝自然希望任用贤人能人，而且也建立了较为完备的选拔、考核和监察制度。明朝的"三年一小考，六年一大考"，保障了多数官员凭能力、政绩和德行升迁。

周宗武任职的几个地方，历史都有"留痕"。在浏阳县，因为原来县治"无城守"，连个城墙也没有，他"筑土墙，沿河砌石"为城。

担任宜都"县长"时，他曾歼灭袭击恩施的流寇，还赢得过作为地方官最高的荣誉：在湖广下辖十五个府考核中名列第一，皇帝亲笔题词嘉奖（治行为十五郡最，赐玺书褒美）。

周宗武随后被提拔为惠州知府的副职，他做事讲原则，不能办的事，即使是面对各部门的负责人也当面驳回。对侵犯群众利益的问题尤其上心，根本不需要当事人鸣冤叫屈，他就带着工作人员登门核实，谁要是"敲竹杠""打秋风"根本瞒不住。

惠州知府李风嗣对这位副手十分欣赏，在他的力荐下，万历六年（1578年）周宗武被提拔为廉州知府。

周宗武在廉州政绩卓著。

其一是缉匪。廉州倚山濒海，万历初年匪患严重，周宗武到任翌年，灵山县的黄璋弟、罗和尚啸聚作乱，军事推官刘子麒率兵讨伐。《廉州府志》中收有刘子麒与人唱和的"合浦八景"。刘子麒大概率是个文弱书生，没承想讨伐未成却成了山贼的俘虏。周宗武闻讯后向黄、罗二人发出通牒，对方慑于他的气势，乖乖将人放回。

又过了一年，匪首覃云明被官兵抓获，手下四处逃散。周宗武觉得这些人之所以为匪作乱，是其"流民"身份所致。他以抚代剿，招纳覃氏余党，训练之后编员入伍，安排把守依山沿海的各处要津，地方很快安定下来。

为了防备匪患，周宗武还采取"高筑墙"的手段，加强防御设施。到任翌年，他带头捐出四百两银子加高城墙，并亲自监工，确保工程质量。

《廉州府志》说周宗武新筑南至西北城墙达四百二十六丈，加高的地方共一百余丈，设立藏兵的窝铺一百零六个。

其二是大力推进朝廷的"一条鞭法"改革，督责县州认真贯彻落实。为了争取民众的配合，他还专门编印了一本小册子，广为散发，宣传"一条鞭法"的相关政策，使朝廷这项重大改革家喻户晓。

其三是严禁野庙淫祠。廉州历来巫祝活动十分盛行，巫师神婆装神弄鬼，蛊惑人心，骗取钱财。明万历年间的"广东省省长助理"（佥事）薛梦雷称"廉郡巫风盛行，病者多不服药而好跳神，文诏频颁，仍执迷不悟"。

周宗武发布告示，严厉捣毁各种供奉邪神野鬼的祠庙，

"破立"并举，积极推行出生、成人、结婚、送终等方面的礼仪，移风易俗，极大地扭转了社会风气。

其四是重教兴学。

周宗武带头捐款修建学堂，整治府学周边环境，亲自执教讲学，鼓励学子发奋读书，努力成为国家栋梁。

（廉明惠爱，捐赎四百金，增城高七尺。

风雨不辍省试。捐俸砌泮池，以钟龙门之水。

师巫禁而民不惑，吏胥惮而民不扰。

行条鞭法殚心考订成册，以家喻户晓，圣谕有解。

四礼有式，次第颁行。）

周宗武同时整肃吏治。明朝有"避籍"制，如俗话所说"五百里内不为官"。但外来官员不知民俗，不察民情，有的甚至语言也不通。要管好一个地方，本土人士担任的胥吏就像盲人的拐杖那样不可或缺。

这些人极容易上下其手，藏奸使猾，以至于养虎贻患，造成史称"胥吏之害"的现象。

《廉州府志》称周宗武在廉州"吏胥惮而民不扰"。由于他严于治吏，强调规矩意识，胥吏均不敢作奸犯科。

古人称"从善如登，从恶如崩"，周宗武成了例外。他被提拔为廉州知府后"清操愈厉"，并没有因为权力变大就忘记初心。

周宗武在廉州"次第颁行"的这些德政，留下了良好政声，成为明朝廉州"历届班子、历任领导"中公认的比肩大儒张岳，民望最高的知府。

对太监眼不见为净，他撂掉自家乌纱帽

苏州人伍袁萃万历三十二年（1604年）出任广东按察使司副使。

按察司属于"垂直领导"，负责纠察各省府、州、县的司法刑狱、查办不法官员、协理地方兵备等事宜。

廉州府当时属广东管辖，出产的珍珠在历朝历代都是贡品。不知道是否跟姓"朱"有关——纯粹是我个人瞎猜，明朝皇帝大多是"爱珠人士"。

朱元璋在位时就在合浦修筑白龙珍珠城，派驻守军负责边海防的同时监守珠池。到了明英宗时期，专门派遣太监驻守，负责采珠事宜。

但伍袁萃却与太监"闹不团结"。《廉州府志》记载伍袁萃"耻见内官，疏去兼管珠池之事"。他讨厌太监，眼不见为净，于是打报告申请不再过问与珠池相关的事情。

按察使派兵守卫珠池，是"奉制"而行；太监驻守珠池，则是"奉皇命"。双方都是钦差，伍袁萃与太监闹得水火不容，到底是怎么回事？

合浦珍珠城位于现在北海市铁山港区营盘镇白龙村委会，就在历史上著名的"七大珠池"之一的白龙池边上。

珍珠城规模宏大，城周长二百三十多丈，城墙高一丈八

尺，筑有东西南三个城楼，其南城遗址至今还在。

当时驻守珍珠城的太监名叫李敬。现在白龙城还有一块为他立的"李爷德政碑"。

过去为了铭记官员在任期间所做的好事，人们在其离任后铭碑勒石，表达对其恩德的感念。碑的名称不一，有的叫"德政碑"，有的叫"去思碑"，还有的叫"遗爱碑"。

铭碑最早可能是吏民士绅的自发之举，但后来越来越泛滥，反"客"为"主"，本来是地方绅民用它来表达感谢，后变成了地方官拿它为自己脸上贴金。

唐朝曾任广州都督的贤相宋璟为此专门上奏唐玄宗，请求从自己开始，革除立"功德碑"这种诡谀风气。

但拍马屁通常是"两情相悦"的，拍的人乐意，被拍的人开心。明朝由于种种原因，立德政碑的风气愈加浓厚，后来发展成不只是立碑，还要修亭、建阁、筑生祠。

在这种风气之下，德政碑的含金量已成了孔乙己的茴香豆，"多乎哉？不多也。"

白龙珍珠城的"李爷德政碑"因年代久远，也可能是粗制滥造，文字已经模糊不清，难以分辨记了传主什么德政，立石刻碑还不及纸上写字。

史书中关于李敬的记载，却没什么可"敬"之处。

李敬在万历二十六年（1598年）被派驻廉州监守珠池，万历三十七年（1609年）奉召回京。《明史》载，李敬与另一名恶太监李凤不和，"敬恶亦不减于凤，采珠七八年，岁得珠近万两"。

"往时中官莅合浦，巧征横索如豺虎。"（明顾梦圭）

235

采珠一向是当地的民生浩劫，不仅需要大量征集船只，派役抓夫，还要特别加征采珠税供开支，采一次珠，等于揭当地民众一层皮，沉船死人无数。嘉靖年间进谏罢珠的广东巡抚林富斥之为"以人易珠"。

李敬在白龙城驻守十一年，他回京师时，"五月，进大珠一颗重九分，一颗重七分三厘，一颗重一分二厘；中珠一千一百一十两。六月，李敬进珠五百二十七两一钱"。

"岁得珠近万两"的他奇货可居，取悦皇帝以邀宠，如此采珠劳民伤财，给地方百姓带来了多少苦难，可想而知。

"李爷德政碑"最大的可能是李敬自立。他自己多年滥采，酿成了珠民造反的大祸，"珠池盗起，敬乃请罢采"。他卷起铺盖回京时，为辞其咎，做了个顺水人情，上书请求停采，却成了一桩功德，他便叫人凿石以纪。

这位李爷不是什么好人还有一个证据：《廉州府志》中收录有不少关于合浦官员德政的碑文，如关于任上鞠躬尽瘁的知府黄文豪的"廉山堕泪碑"，关于廉洁守身的合浦知县胡济世的"合浦令胡侯去思碑"，关于上任仅三个月就离职的知府王如瓒的"郡守星冈王公遗爱碑"……

但偏偏身为钦差的李敬的这篇碑文只字不见，岂非吊诡！

伍袁萃任广东按察副使的时间，正好与李敬"同框"（同期）。

史书记载，李敬的一位随从"擅杀人"。按理这种事属于地方官知府的分内之责，不知道是不敢管还是不想管，案件到了督察司法小案的伍袁萃手里。

是可忍孰不可忍，伍袁萃"捕论如法"，派人把李敬的手下抓了起来，依法判处了死刑。

李敬大失面子，与伍袁萃成了"有我没你"的冤家，他倒打一把向都察院诬告伍袁萃，朝廷派出了调查组。

在这种情况下，伍袁萃提出了自己不再兼管珠池，后来"遂请求归"，负气摘下乌纱帽回了老家。

性格即命运。伍袁萃尚气任性是其一贯的做派。别说是得罪珠池太监，对烜赫一时的权臣，他也是"目中无人"。

伍袁萃任"国防部处长"（兵部员外郎）时，位居三公的名将李成梁的儿子李如桢，四处活动想当锦衣卫指挥使，伍袁萃多方阻止，生生将其"如意算盘"给打乱了。

伍袁萃在担任"浙江省副总督学"（提学佥事）时，下去检查发现，有几十人冒名在府学就读，他根本不管这些人什么来头和路数，全部予以斥逐。

掼掉乌纱帽回家的伍袁萃并没有闲着，一心著书立说。古人把当官告老还乡称为"林下之居"，他写过一本《林居漫录》，痛斥朝廷的各种弊端痼疾。

书中"大肆抨击"官场腐败，指责府、州、县贪者过半，引用了当时的广东民谣："广州太守忙十万，潮州太守坐十万，琼州太守眠十万"；直斥"今之武官，不独惜死，抑且爱钱……盖势不得不爱也"，因为都是"以上剥下"，下面一级级要进贡，朝廷的钱便落到了各级文武百官手里。

书中对言路不开、考试不公、执法偏袒、欺上瞒下等种种负面现象也多有曝光。

这本书因为"多贬斥当世公卿大夫"，太过缺乏"正能量"，被认为"词气过激……不免矫枉过正"，到了清朝还被列为禁书。

伍袁萃如此大义凛然，愤世嫉俗，严于责人，正因打铁还需靠自身硬，他自己的确是清官一枚。

明朝送礼风气浓厚。史书记载，伍袁萃所在的万历年间，除夕前南京兵马司衙门前队伍浩荡，道路阻塞，人人手捧食盒，原因是"此中城各大家至兵马处送节物也"。

就是在这种"大臣志在禄位金钱，百官专务钻营阿谀"的风气下，伍袁萃"守己清白，不设币帛赞交之仪"，坚持清白为官，不搞迎新送旧、逢年过节送礼那一套。

公认"执法严正，不避贵幸"的伍袁萃，作书为文却被认为"词气过激"，但他说到做到，责人先律己，不愧为言行一致的清廉刚正之士。

畏死将军为战死英雄立庙

　　国家地质公园——涠洲岛的自然风光令人陶醉，植被丰茂，火山地貌多姿多态，海里有被称为"海底森林"的珊瑚礁，还有罕见的布氏鲸和中华白海豚。

　　人们往往只陶醉在它水火交融、天地造化的美景和生态中，而忽略它的"人文气息"。

　　其实涠洲岛从来就不缺乏人文的历史。从晋朝起，就有采珠人在岛上的"石室"祭祀采珠；《唐传奇》中有官宦子弟在岛上遇仙的传说，还有清朝南海江洋大盗张保仔的藏宝洞；有"中国的莎士比亚"汤显祖留给海岛的咏唱。

　　涠洲岛上还有建在大石窟里的天后宫，数百年来香火不断；有"拜上帝会"的太平天国运动失败后，传教士带到岛上的教民胼手胝足建成的天主教堂，历经百年地震和台风仍旧巍然屹立。

　　涠洲岛过去还曾经有一座庙，祭祀一位名叫"祝国泰"的抗击夷贼英雄。

　　祝国泰，浙江余姚人，生年不详。武举出身的祝国泰在涠洲担任中军守备（涠洲游击将军下属的中层军官）。

　　明清两朝，海寇一直在沿海为害。除了众所周知的江浙一带，还有当时属广东管辖的钦廉沿海由于与安南连接，被称为"交趾贼"的境外海寇侵扰十分猖獗。

澜洲是北部湾第一大岛，位置特殊，扼守着湾口，一直归雷州巡检司管辖。

明万历十八年（1590年），澜洲岛由"钦差镇守广东澜洲游击将军"率军驻守，拥有战船六十艘，兵员达一千八百人，改变了以往只是往来临时汛守的做法。

到了万历二十七年（1599年），因为"澜洲峻石巉岩，泊舟匪（不）便"，加上承担守护珠池职能的需要，澜洲游击所迁到了山口永安城，澜洲岛由中军守备巡哨。

澜洲中军守备巡哨的范围为从雷州府的海康东场角到廉州府钦州龙门港。由于范围广阔，给了海寇可乘之机，他们除了袭击过往船只，还经常偷袭沿海村庄，有时甚至攻陷县城。

万历三十五年（1607年），安南最大的悍匪翁富率领七百多名手下，驾船从龙门港登陆后，直扑钦州。

守卫钦州的百户（明朝设立的地方世袭军职，相当于连长，统领一百二十多名兵士）名叫吕朝炯。

"吕连长"面对来势汹汹的大股海寇，吓破了胆。因为州衙大门已被海寇封住，他慌不择路，翻越城墙溜之大吉。

这下可把钦州人害惨了，钦州城成了不设防的"罗马"，"州教育局局长"（学正）李嘉谕被杀。

海寇在城里大肆奸淫掳掠，血洗钦州城，杀害二百多人，纵火焚烧东门城楼和附城房屋，在冲天火光中，带着大包小包的财物呼啸而去。

钦州陷于海寇，毗邻的廉州一片恐慌。驻扎山口永安城的涠洲游击将军张继科率兵救援，"次葛麻山不前，使贼去复来，如入无人之境"。张继科被人痛斥"罪不容于死矣，何以兵为"。

翌年正月二十六日，还没从创痛中平复的龙门百姓发现那些海寇又来了。尝到甜头的翁富这回带来的人马更多，超过二百艘船。

龙门的守军和百姓拼死抵抗，射弓弩，砸石头，放滚木，不让海寇登岸。他们知道这些安南海匪杀人不眨眼，一旦上岸，必然是噍类无遗的一场大屠杀。反正等死是死，战死也是死，人人拼命，个个奋勇。

然而敌众我寡，冲上岸的海寇越来越多。

正在万分危急之际，守城军民看到，海寇一拨拨进攻的船队忽然混乱起来。

从匪船后面冲来数艘飘扬着官军旗号的兵船，士兵们奋不顾身跳上匪船，与海寇斗成一团。不少海寇纷纷跳进海中，其他的匪船仓皇驶离。

驰援龙门的是中军守备祝国泰和百户孔榕率领的涠洲守军。

祝国泰率领的士兵并不多，只有九艘兵船，面对海寇二百多艘船只，突然袭击打了翁富一个措手不及，丢下了一百多具尸体逃跑了。

（三十六年正月二十六日，彝船二百余复寇钦州至龙门。泰领兵船冲之，杀贼百计，贼势披靡。）

匪船退走后，祝国泰并没有上岸。他将船只一字排开，准备更大的恶战。海寇为财而来，翁富一无所获，绝对不会这样甘心离开。

果不其然，次日清晨，翁富率领匪船向龙门发起攻击。双方陷入混战中。敌人像飞蝗一样越来越多，敌众我寡，手下询问祝国泰是否撤退？

祝国泰厉声回答："龙门是钦州的咽喉，如果失守，钦州就会遭殃。今日宁可战死也不能后退！"

（明日益众来围，士卒以众寡不敌为言，泰厉声曰："龙门乃钦之咽喉，万一有失，不重误钦人乎！宁死无退。"）

祝国泰和孔榕指挥船只冲进战场，带领数十名士兵竟然与数百海寇从早上恶战到下午。

这时候正值退潮，祝国泰所在的船陷在浅滩，大批海寇朝他冲来，精疲力竭的他被砍倒在滩涂上。

海滩上尸横遍野，海水赤红。得势的海寇蜂拥而上，他们恨透了这个强悍的对手，将祝国泰开膛破肚，然后点火焚烧其尸体。

（与孔榕拼力迎敌，从辰至未，力战不休。会潮浅船胶，遂遇害，剖腹焚尸，闻者伤焉。）

孔榕与其他士兵也在这一仗中全部战死。

龙门一战，震惊四方。前文提到的涠洲游击将军张继科不知是心生愧疚，还是为了避免朝廷问责，下令在涠洲岛修建了一座"国泰庙"祭祀英烈。

"国泰庙"已经湮没在历史的烟云中了然无痕，只有潮起潮落的大海为祝国泰这位舍身抗匪的英雄作证。

一个名号"娘里娘气"的知府

《诗经》里有一首名诗《蒹葭》："蒹葭苍苍，白露为霜，所谓伊人，在水一方。"邓丽君唱的《在水一方》，就是根据它改编的。

现在多数人把《蒹葭》看作爱情诗，诗中是一个男子对意中人求而不得的浅吟低唱。

但以前不是。历朝历代的"主流意识形态"都认为它体现的是君上臣下的政治伦理，是臣子唱给国君听，表达对国君百折不挠的追随。

也有人认为它表达的是对朦胧理想的坚定追求，与屈原的"路漫漫其修远兮，吾将上下而求索"一样。

明朝廉州有个知府，大名刘行义，他给自己取了个号，"伊人"。

明朝的读书人考中进士后，春风得意，一般要做四件事：刻一部稿，取一个号，娶一房小，坐一乘轿——大概等于现在的买一台靓车。前两者为"名"，后两者为"利"，取号多少表达某种个人的政治理想。

刘知府自称"伊人"，无疑以此表达自己为官的抱负和愿望，跟爱情没什么关系。

刘行义是福建漳浦人，万历三十八年（1610 年）考中进士，翌年任廉州知府。

刘行义其实是最应该被合浦和北海人民记住的官，因为合浦县城至今巍然屹立的文昌塔就是他主持建造的。

史书上说刘行义"恺弟廉明"，用现在的话说，就是平易近人，廉洁清明。

清廉的官不难找，但平易近人的很少，古代官民有别，非今日可比。刘行义显得有些"另类"。

平易近人，就容易体察民情，了解民间疾苦。刘行义看到合浦民生凋敝，老百姓日子不好过，于是从"我"做起，从"机关"（衙门）做起，大力倡导勤俭节约，不拿群众一针一线，不增加群众负担（丝粒不取于民）。

规定要征的粮税，他也有一套"寓征于抚"的方法，老百姓都乐于交纳，也避免了百姓辛苦一年，到头来还背上债务。

刘行义的作风像诸葛亮，事必躬亲。那时候的知府、知县，既是地方最高行政长官，同时也是决狱断案的审判官。

廉州府管两县一州，地盘比现在的北海、钦州、防城港三市还大，官司不少，但刘行义日理万机，亲力亲为，从来不假手于人。

表面上不威不怒的刘行义，在廉州遇上了一件让他终生难忘的难事：

海南的黎族造反，朝廷推行"以土制土"，在两广一带招募各个部落和土司的私人武装前往征讨，他们被称为"狼兵"。

有道是"匪过如梳，兵过如篦"，这些狼兵疏于管束，所过之处，胡作非为，大肆抢掠，百姓闻之胆战心惊。

刘知府接到命令，狼兵要借道廉州前往海南。他紧急布置杀鸡宰猪，准备美酒佳肴，在路上迎接。热情款待之后，又亲自带路，引领他们避开村庄过境。

堂堂知府，夹杂在那些气焰嚣张的狼兵队伍中，备受斥责辱骂，赔着小心，一直跋涉数十里将其送出地界（行义具犒赏要于路，从间道身杂戎伍护行，跋涉数十里出境乃返，虽受狼兵诟谇不顾也）。

刘行义在合浦做的另一件大事，就是建造文昌塔。

《廉州府志》记载，廉州的西南部一马平川，西门江斜流入海，地势过于平坦，从风水角度属于大忌，不仅会导致生活穷困，参加科举考试也极少金榜题名（行家所忌，民无贮蓄，科目寂寥）。

破解之法，就是在水口之间筑高耸之物相峙，可以"贮财源而兴文运"。

结合山形水势的格局，建塔筑台接续地脉，以"负阴抱阳""藏风聚气"，这种"传统文化"直到现在仍有人信奉。

我们不好苛责几百年前的古人不讲科学，相反，从中可以看到作为知府的刘行义，为改变一方经济文化落后的面貌殚精竭虑。

刘行义利用府署节省的钱，自己带头捐出工资，集工备料，一共花了八百多两银子，建成了这座巍峨高塔，取名"文昌塔"。

七层楼的文昌塔于万历四十一年（1613年）建成，坐北朝南，高达三十五米。八角形阁式塔身像一支冲天巨笔，

寓意文运昌盛，表达了祈求童生士子"蟾宫折桂"的愿望。

登上文昌塔的塔顶，廉州古城尽收眼底，"朱碧辉映，时有铮铮之声……固一郡之秀也"，它成了当时的廉州府地标。

可以想象，刘知府刘伊人先生当年站在塔顶，眺望四方，自己"课文迪士"的愿望得以实现，该是多么的舒心畅怀，意气风发。

刘行义"后以朝觐内召去"，他先后担任广西参政、广西按察使，湖广左布政使，陕西右布政使，成为"副省级"领导干部。但让人记得他的，就是他在合浦的这些政绩，特别是那座高耸的赭红色砖塔。

知州许启洪留下的谜团

历史像一根绳子，历史中的人物就像绳上的蚂蚱，一串一串的。

《廉州府志》记载，崇祯年间有个钦州知州叫许启洪，他到任钦州前曾在浙江遂昌当县令。

同样与北海有缘的汤显祖，也曾在遂昌当过县令。北海涠洲岛有一座汤显祖雕像，纪念这位与莎士比亚同时代、同样驰名的戏曲家曾经践足涠洲，写下那首成为涠洲"有文化"证明的"日射涠洲郭，风斜别岛洋"的诗。

汤显祖从发落地徐闻获赦后，回到遂昌当了五年县令，在那里"肆意妄为"搞改革，留下斐然政声，最后因不满税官扰民，负气挂冠而去。

皇天有眼，这正好让他潜心创作，成就了一个世界级的大戏剧家。

许启洪自然没有汤显祖有名。《廉州府志》里有关他的记载只有区区不足百字：

> 许启洪，字任宇，宜兴举人，崇祯十五年由遂昌知县升钦州。
>
> 禀性直谅严峻，寓抚字于催科，禁差役，严吏书，德政

难举，有无讼风。

暇多吟咏，讲学诲士。后升惠州府，寻升广东提学副使。钦人立祠于城内对阳坊。

根据这简略的文字，大致能给许启洪画一幅像：这老兄平日不苟言笑，喜怒不形于色，做他下属有点难受，对起草文件、发个告示、打个报告什么的都要求很严，甚至要为某个排比句斟词酌句改四五遍。

但他心地宽厚，收税从不强征，也不动辄征集民夫修水利、筑城墙。因为"无为而治"，也说不出他有什么德政。

他特别不喜欢人们打官司，欠钱也好、争地也好，或者是打架斗殴，他习惯"晓之以理"来调解。

"无讼"一词出自孔子。孔子说：我判案跟别人也没啥两样，只是一心让他们不纠缠官司罢了（听讼，吾犹人也，必也使无讼乎）。

不过这位许先生有点"文青"范儿，还"好为人师"，闲暇时喜欢吟诗作词，到学堂给学生讲课。

为官一任，总要做事，不做事不如在官厅中摆一尊泥胎木偶。做事有"可为可不为"，还有"不可为"。为可为之事，这是敢于担当，勇于任事；不为可不为特别是不可为之事，这是多谋善断，聪明智慧。

这位许先生明显属于循吏，不爱折腾，用现在的话，他似乎主张权力的"谦抑性"。这样的官没有太多政绩，但较之那些动作不停、折腾不已的官，却未必不是好官。

许启洪喜欢吟诗作词，有例可证。遂昌当地景点三台山的含晖洞就有他写的一首律诗。

文章中凡引录律诗绝诗，大多数人都会跳过去。但此处还是转抄一下：

一树桃花半有无，问津何处影模糊。
前朝传说龙曾隐，此日凭谁乌可乎。
月挂松头林磬杳，烟迷柳色洞云孤。
残霞收拾囊中去，剩有余辉映玉壶。

诗很浅显，是一首普通的记游咏景诗，虽出自士大夫之手，但跟小学生"记一次郊游"的作文差不多。"一树桃花半有无"，桃花半开，可见是春季；"前朝传说龙曾隐"，说的是宋高宗曾经在洞中避难。

也有人认为此诗说的是明朝的开国皇帝朱元璋。朱元璋也与含晖洞有缘，他起事造反时被元兵追杀，单枪匹马逃到含晖洞，让马退行避入洞内，元兵在洞口看到马蹄印朝向洞外，便没有进洞搜查，朱元璋得以避过一劫。

许启洪在遂昌当县令时已是晚明时期，虽然是历史上最勤奋的皇帝——崇祯当政，但是内忧外患，大明王朝的黄昏风雨飘摇，已经持续近二百六十年的大明江山败象纷呈。但他的诗里既不感怀，也不咏志，登临此洞，似乎并没有特别的心境。

许启洪到钦州任知府，还留下一个谜。

钦州是中国"四大名陶"之一坭兴陶的出产地，人们普遍认为坭兴陶皆为民窑，但曾有藏家发现一个制于清宣统三年（1911年）的"兽耳方瓶"，镌刻有"一舟时客天涯作于钦州官廨"字样。

这个所谓的"钦州官廨"，就是1643年许启洪所建。但到底是许启洪当年建好官廨，就在里头设置了制陶作坊，还是后来官廨变成了陶艺作坊，不得而知。

说许启洪与陶艺有缘，并不全是瞎猜。他有个侄子叫许龙文，就是大名鼎鼎的宜兴制陶名人。记得十多年前，许龙文遗留的一把汉铧壶就以三百六十多万元成交。

琴棋书画，吹拉弹唱，还有雕刻、陶艺、编织这类工艺，往往与基因有关。我有个小学同学是乒乓球高手，他大哥却从未摸过球拍，然而第一次打球时的一招一式就跟练过一样。

钦州坭兴陶作为一种著名的地方工艺产品，不知道许启洪在钦州为官时是否曾"高度重视"并推动过坭兴陶事业的发展。如果能寻到些确凿证据，无疑更能说明坭兴陶的文化底蕴。

历史的有趣，就是因为藏着许多这样的谜。

他弄了"半拉子"工程却获提拔

曾有廉州府钦州人章献中任过大理州通判颇有政声，巧的是，明崇祯年间有位叫"杨为祯"的钦州知州是大理人。

当然这只是历史的巧合，当时只有"五百里内不为官"的避籍制，并没有什么"干部交流"。

杨为祯家在大理太和。太和就是大理的下关，现在太和城遗址还在。

我曾去过下关，大理著名的"风花雪月"，"风"指的就是"下关风"，与"上关花""苍山雪""洱海月"并列。不知道是不是因为风太大，把太和城给吹没了，要不然今日或许还能有一个"杨为祯故居"。

读历史有个好处，就是不管你旅游到了哪个地方，那里常有如逢故人的惊喜：这是谁的老家？谁曾在此流寓？在谁的诗文里出现过？此地曾发生过什么事件？……"读万卷书，行万里路"，先读些书再行路，感受和收获自是不同。

这个杨为祯是太和的举人，崇祯二年（1629 年）到钦州任知府。他在钦州搞了几项工程，有的搞成了，有的没有搞成。

钦州的钦江穿城而过，江北为阴，江南为阳，杨为祯想在江南的山上建一座塔（议建塔于阳江之冈）。

地址选好了，目的也很明确——"以培风水"。

塔随印度佛教传入中国，最早用来安置佛骨（舍利子），属于佛教建筑，后来与道家的风水学结合在一起，塔成了镇妖压邪的工具。《智取威虎山》中杨子荣打虎上山对的暗号就是"宝塔镇河妖"。

杨为桢修这座塔倒不是为镇妖。明清科举盛行，读书成为人生唯一出路。一个地方科举不彰，人才寥落，民间的说法叫"不出人"。

"不出人"最大的嫌疑就是"风水不好"，需要建塔来培风水、改文运。

的确，从形式上来说，一座高大巍峨的宝塔，自有激励引领作用，就像一盏明灯、一面旗帜，鼓舞着童生士子悬梁刺股，孜孜不倦，树雄心，立壮志，中举人，当进士，荣华富贵享不尽，一举成名天下知。

插句闲话，合浦县城的文昌塔，也是为了在科举中多出人才而建的风水塔，什么犀牛出现，皇帝担心被夺皇位而建成鞭状宝塔阻拦云云，只是民间传说罢了。

《廉州府志》说杨为桢"重道崇儒"，说明他相信风水。他为"建塔于阳江之冈"，还召开了专门会议进行研究，把自己的意志变成了集体决策。

议定之后，杨为桢说干就干，鸠工庀材，很快就筑好了塔脚，没想到这时候出了问题：工程款没了。

工程正在推进中，木头石料要买，工地民夫更是一日也断不得炊。一查，原来是看守库房的人中饱私囊，把建塔的钱揣进了自己口袋。

（已成塔脚，惜库吏干没塔银，中止。）

《廉州府志》上没有说谁贪了钱，也没有后续怎样处理的记载。要不是这缺德的黠吏，也许人们现在能在钦江边看到一座宝塔，也许这个塔会成为钦州的一座标志性建筑。

须知合浦的文昌塔建于明万历四十一年（1613年），比它还要早一些，至今仍巍然屹立。

杨为桢力推的这项工程，遭遇了"滑铁卢"。府志说他"浑厚精明，为政有体"，他也许"浑厚"有余，但精明似乎不足，导致他那么不遗余力的一个项目，居然因手下贪渎变成了泡影。

他做到了"科学决策，方向正确"，但没有做到"方法正确"，不能保障"上下一心"，导致最终未能"把事干成"。

大概建塔之事成了杨为桢永远的痛，所以塔没建成，他又筹划在钦州文昌阁前面建一座三元阁。

也许是吸取了教训，或者是工程量不大，这个阁倒是建成了，算是了却了他的一桩心愿。

有人可能认为建塔建阁只不过是形象工程，但现在的一些名胜古迹，何尝不是历史上的形象工程？读历史不宜用现在的尺子，度量过去官员的言行。

杨为祯是个恤民之官，除了热心建塔建阁，他看到每日钦江两岸撑船往来不便，还想方设法修复了平南浮桥，赢得人们的赞誉。

杨为桢在钦州另一个突出政绩是"严禁冒籍，详分土附"。

明朝的户籍管理很严，但因为灾害、匪乱、战事以及从事商业等，出现许多"附户"现象，把不是同一家的人，编进同一个户口入籍。

由于涉及土地耕作和征税，这样的情况对社会管理显然不利。杨为桢在这一块花了不少力气，也有所成效。

杨为祯闲暇时间还经常"亲自"给学堂的学生讲课，与他们切磋经学。国家通过科举擢拔人才，因此敦学兴教是府、州、县主官最重要的职责。那时候的官员都是学校的常客，兼做教师。这并不是他们平易近人，而是不这样做就是失职。府志中很多官员都有亲自掌教的记载。

因为风评好，杨为桢从钦州知州提拔为陕西巩昌府的同知，也就是知府的副职。钦州人在他离开后，专门在渡头建了一间祠庙来纪念他。

皇帝御批的重案，他竟替人说情

崇祯三年（1630 年）至崇祯四年（1631 年）间，出产珍珠的合浦发生了一件怪事：在"木匠皇帝"朱由校当朝的天启年间已经稀绝的珠贝，这时候暴发性地出现，一夜之间海里的珠贝变得"满坑满谷"。

没人能解释清楚这种现象。历史上发生过不止一次"珠贝迁徙"。

最有名的就是东汉时期的"珠还合浦"：上虞人孟尝任合浦太守，大力改革积弊，与民生息，原来逃到与交趾交界处的珠贝又回到了合浦海域。

按照中国人"天人感应"的传统理念，"珠还"是清官的德政所致。

自然界有太多的奥秘，贝类暴发估计跟蝗灾发生的原理差不多。只不过出现在深不可测的海底，更让人遐想无穷。

那次珠贝暴发的地方，就在现合浦县西场镇的那隆、官井海域的珠池，离渔民下网捕鱼的地方不远。

有珠贝自然就有珍珠，撑着各种船只的人们闻讯而来。

珠池属于皇家禁地，有浮标作为标识，是不允许随便进入的。

合浦海域一共有乌坭、平江、青婴、断望、杨梅、珠沙、白沙七大珠池。皇帝派有太监驻守在白龙城，专门负责守护。但毕竟海岸绵延，大海无盖，进入珠池偷珠的事还是时有发生。

平时人们偷珠战战兢兢，像押宝一样，趁着月黑风高，冒着生命危险潜到海底，也不知道有无收获。

现在不同了，暴发的珠贝就像阿里巴巴的洞口轰然打开，映入眼帘的全是亮闪闪的金银珠宝。

来偷珠的不仅有"近海愚民"，连守海营官也加入了盗贼行列。这不能叫作"偷"，已经变成公开的"抢"了。

风起浪来，见钱眼开。后来廉州锦衣卫指挥刘维炀、百户杨寿祖竟也"放下身段"加入盗贼行列，一时间，海上"樯橹相击"，夺贝争珠，不亦乐乎。

皇家禁脔，竟然有人如此无法无天地对待，珠池太监急如星火飞报京师，这起盗珠事件成了震惊朝廷的重案。刘维炀、杨寿祖被充军流放，从他们家里搜出一千多两珍珠（坐此戍遣，遗赃千余）。

朝廷在追赃中，抓了不少渔民。当时那些趋之若鹜、趁乱抢珠的人，不得已卖掉妻子儿女抵偿，许多人身陷囹圄，家破人亡。

转眼间到了崇祯八年（1635年），湖北黄冈人郑抱素出任廉州知府。

郑抱素出身"高干家庭"，父亲郑继之曾任"组织人事部部长"（吏部尚书）。按照明朝的科举制度，郑抱素以"官荫"进入"培养国家干部"的国子监肄业，后获推荐到廉州任职。

这时候距廉州盗珠案已过去四年，但很多受牵连的渔民因为交不出罚金，还被关在牢里。

郑抱素上书"最高法院"（大理寺），提出涉案渔民已经坐了这么久的牢，应豁免他们的罪行，获得了"最高法院"的批准。

作为地方官，郑抱素这样敢于担当，为民请命，一点也不奇怪。他深知廉州民众备受珠贡之苦，到任后一直重视恤贫济困，救苦拔难。

郑抱素为官处事公道，重视民生，不扰民，讲法度。

当时，正德年间的知府沈纶修建的西门桥——就是现在的惠爱桥——已经坍塌，民众进城出城都靠摆渡，郑抱素募集资金修复了这座危桥，人们在桥头的三官堂建了一个祠纪念他。

郑知府有个特殊爱好，每月十五和三十，雷打不动地到明伦堂，与府学和县学的学生一起谈经论道，切磋学习。每次他都会出题测试，按成绩给予学生奖励。

郑抱素在廉州还做了一件事：拿出"个人薪水"编纂了《廉州府志》。

明朝官署修志特别盛行，不知道是否受了明成祖朱棣修《永乐大典》的影响，从景泰年间开始，到嘉靖、万历年间更为兴盛，天启、崇祯年间则几乎"无署不修志"。不管是知府还是知县，为官一任，都把修志当成当务之急。

官署所修的志书，内容包括地方的图经地理、建置沿革、武备礼教、秩官选举、名宦乡贤、奏议艺文等，称得上是一个地方的百科全书了。官员走马上任，卜马观志，一个地方

259

的志书成了官员治理施政最好的参考。

修志固然不无任官树碑立传的私心，但客观上亦起到了励志作用。收入志书的名宦先贤，对为官一任者有着强烈的价值示范作用，寄寓了士大夫保境安民、实现太平之治的政治理想。

人们常说"盛世修志"，意思是天下承平，国家强盛，于是推行文治而重视修志。但崇祯继承大统时已是明末，内外交困，处处积薪，日薄西山，毫无盛世之象，《廉州府志》中文武官员死于"盗寇、彝贼"的记录屡见不鲜，成了坐拥江山近三百年的大明穷途末路的注脚。

但从历史的角度看，修志是一种莫大的功德。郑抱素主持编纂的崇祯版《廉州府志》，成为不可多得的地方史乘，使得秦汉以来北海的历史有了文字的赓续。

仅这一点，郑抱素就值得后人怀念和尊敬。

为官吏畏民怀，辞世几件旧衣

　　灵山应该算广西知名度比较大的县。明朝较长的一段时间，灵山在廉州所辖的一州三县（钦州、合浦县、灵山县、石康县）中，人口是最多的。

　　如永乐十年（1412年），灵山县有两千九百九十一户两万七千八百二十三人，合浦县只有两千零四十四户两万两千五百八十二人。

　　灵山县人口多，历史也悠久。宋朝岳飞的儿子岳霖任钦州知州期满，回京师路过灵山时曾题诗留念。明朝心学大师王阳明任两广巡抚时，曾派名儒陈逅在灵山开坛讲学。

　　"人杰地灵"，地灵与不灵，首先看有没有杰出的人才。这些人杰的雪泥鸿爪，是一个地方最好的名片。

　　灵山曾经有一位知县，上书入史，值得一说。

　　灵山是历史上匪患最重的地方，史书称之为"盗贼渊薮"。当时的县境与交趾接壤，山高林密，地僻民穷，活不下去的农民——书上称为"蛋户黎人"——时常作乱，拉队伍，占山头，打家劫舍，剪径抢钱。

　　历朝历代，土匪问题都十分复杂。一方面是苛政猛于虎，赋税繁苛或司法不公，弄得官逼民反，良民变成了土匪。匪的根源在官府和皇帝，只要他们"还骑在人民头上作威作福"，土匪便"野火烧不尽，春风吹又生"。而另一方面，良民一旦落草为匪，自然按匪的规矩行事。他们受绝望和仇恨驱使，享受"以武犯禁"的快意恩仇，人性中的恶被深度激发，杀人不过头点地，割了脑袋不过碗大的疤，奸淫掳掠、杀人越货，各种伤天害理自然成了寻常事。

匪乱的主要受害者不是官府豪族，而是日求三餐、夜求一宿的升斗小民。他们"宁为太平犬，莫作乱离人"的卑微愿望成了奢望，每天惴惴不安，生活在朝不保夕的恐惧中。

为官一任，保境安民就成了重中之重的根本之责。

崇祯四年（1631年），安徽安庆人汪游龙担任灵山知县。他在灵山最突出的"事功"，就是剿匪抚民。

汪游龙一到灵山，就到处访贫问苦，老百姓异口同声地控诉山中土匪害民最甚。

汪游龙明白，安居才能乐业，剿匪自然是当务之急。

兵马未动，粮草先行。打仗如此，剿匪也一样，但衙门的库房并无余银。

汪游龙自己掏钱招募了五十名壮男，日夜训练，同时请求钦州知州拨出八十名士兵帮助守城，修建军营，制造火枪。人人摩拳擦掌。

（崇祯五年令灵山，询民瘼，知苦西贼。

自募壮士五十名，犒励操演，拨钦州健兵八十以防城守，建营房，制火器，人思用命。）

一切准备停当，他率队攻打匪巢。汪游龙身先士卒，大家都奋不顾身，首战就擒获了十几名悍匪。

汪游龙将土匪处死后，把他们的脑袋挂在山顶的树上，以示震慑。

以往官府都是被动防守，现在变成了主动进攻，新来的知县显然不是"善茬"，土匪望风而逃。

汪游龙领兵追剿土匪至灵山与博白的交界处，杀了十几个，抓住了五个。剩下的几十名土匪不敢抵抗，最后在一个叫"双桥"的地方，又有十九名土匪丧命于官兵刀下。

经此一役，灵山境内的土匪销声匿迹，用现在的话说，"社会治安有了根本好转"。

汪游龙随即把精力转入了经济和文化建设。他带头捐款修复城墙和各种建筑，修桥铺路，市场陆续复业开张，灵山的人气得以恢复。

汪游龙明白为政先治吏，"惩贪剔蠹，不惮余力"。他不辞劳苦，公务文书全都亲自过目，详加审核，不给贪渎官吏可乘之机。

明朝税收对农户征粮，对商户征银，粮银之间的折算既复杂又麻烦，很容易被人做手脚。但由于汪游龙把关严格，负责粮税和库房的人员都不敢动歪心思。

（凡簿书亲自检点，司钱谷者皆不得窥以为奸。）

农业社会，生产重"耕"，文化重"读"，"耕读传家"是当时的主流文化。汪游龙重教兴学，他亲自选取古代的范文，刊刻成册，作为县学的教材，同时考查教学情况。

他还捐出五十两银子，修葺了破败的校舍，老百姓对这件事感念至深（民甚颂之）。

史书记载汪游龙"吏畏民怀"。此之所"畏"，彼之所"怀"，这说明一个好官，"吏"和"民"的评价尺度是不一样的。汪游龙的所作所为，对"吏"这个利益集团是损害，但民众利益却得到了维护。

汪游龙后来从灵山调任番禺知县，当时赫赫有名的海盗刘香老进攻番禺，汪游龙参与郑成功的父亲郑芝龙与刘香老的大战，他"不避矢石"，冲锋在前，取得了擒拿刘香老的胜利。

随后，他被提拔为监察御史，负责巡按福建。

汪游龙后来卷入了抗清名臣黄道周弹劾议和派兵部尚书杨嗣昌的斗争，他为被贬的黄道周上疏说情，受到牵连，郁郁而终。

汪游龙生活简朴，去世时，僚属为他办理丧事，发现他身边除了几件旧衣，什么值钱的东西也没有，大家纷纷为之落泪。

一任恤民知府，竟是丹青圣手

　　人杰地灵，地灵人杰，人和地不可分，过去为官一地，如果当得好，有政声名望，"地"就成了他的名。

　　明朝起码有三位廉州知府，分别以地称名，历史上称之为"张廉州""郭廉州"和"王廉州"。

　　"张廉州"大名张岳，福建人，明朝大儒，嘉靖年间任廉州知府，兴学励农，轻徭薄赋，治匪缉盗，三年治廉"不持一珠"。他还曾献计朝廷，并亲自出马，劝降拥兵弑主的安南军阀莫登庸，避免了两国兵戎相见。莫登庸签下和约时掷笔而叹："天朝只有一个张廉州不想灭掉我莫族。"

　　"郭廉州"叫郭廷良，万历年间任廉州知府，颇有廉名。大戏剧家汤显祖登涠洲岛时，曾作诗"寄郭廉州"。

　　"王廉州"叫王鉴，江苏人。明崇祯年间任廉州知府。

　　他是清朝画坛"四王"之一。史称"王廉州"，一来与他享有的画坛盛名有关；二来是因为他为官廉州时为民请命，表现出凛然的风骨。

　　王鉴于崇祯十二年（1639 年）从"公安司法部"（刑部）郎官调任廉州知府。正史记载他因力罢开矿恶政而被免官。

　　（时粤中开一米，鉴力请上台得罢。）

　　其实这是个乌龙，王鉴在廉州罢的不是开矿，而是采珠。

王鉴上任时距大明江山倾覆仅剩寥寥数年，末日将至，风雨飘摇，地方流寇土匪出没，这时候他作为京官外放，实际上等同被贬。

王鉴被牵连到了有名的"刘荣嗣案"中。

刘荣嗣是水利专家，还是诗人、画家。他担任"水利建设部部长兼全国水利工程总指挥"（工部尚书、总督河道侍郎）时，主持黄河疏浚，提出在宿迁至徐州间另凿运河以保障漕运，却受到部下抵制，造成工程延误，以"治河失策"被问罪。

老天爷用随后的一场洪水证明了刘荣嗣的先见之明。但已被判处死刑、打入大牢候斩的刘荣嗣并未因此"转运"。

他在狱中愤懑不平，以诗言志，"料理微生无著处，欲将因地问维摩""在君反掌间，在妾千古怨"。

正在刑部任郎官的王鉴读到刘荣嗣鸣冤叫屈的诗，查看了他的卷宗，为其打抱不平。他案牍劳形，上下奔走，为刘荣嗣不断"信访"，后来刘荣嗣终于得以保释出狱。

但王鉴也因此得罪了一干当权之人，被发落到边陲海隅、"中国穷处"的廉州府。

到任不久他就接到了朝廷的采珠令。王鉴不忍劳民伤财，上书广东巡抚和按察使请求罢采，几次与监督采珠的太监发生争执。

地方官与太监因采珠发生冲突，在廉州可谓常事。合浦因出产珍珠而闻名，从周朝起，这种宝物就是历朝历代的贡品，征贡采珠成了当地百姓的劫数。

人工潜入海底采珠，本身就十分危险。唐朝元稹写过一首《采珠行》：

> 海波无底珠沉海，采珠之人判死采。
> 万人判死一得珠，斛量买婢人何在……

明朝采珠最泛滥最残酷。开国皇帝朱元璋上任的第七年，就在合浦建白龙珍珠城，兼具海防与监采珍珠的功能。从明英宗开始，朝廷派遣太监监守珠池，这些"官上之官"为害地方，恶行累累。

嘉靖年间，一位叫王希文的官员曾经上奏，把太监骂作"逆竖"，痛陈"逆竖用事，传奉采取，流毒海滨……驱无辜之民，蹈不测之险，以求不可必得之物，而责以难足资之数，非圣政所宜有"。

王希文对采珠如此看不过眼，但珍珠却入了每任皇帝的"法眼"。"溥天之下，莫非王土"，专制的本质就是尽情挥霍。

万历皇帝刚登基时，为了树立明君形象，曾下旨罢采，后因太后进奉，诸王、皇子、公主的册立、分封和婚礼需要大量珍珠，很快就颁令复采。

朝廷的搜刮，层层递进，变成百姓的无边苦难。"往时中官莅合浦，巧征横索如豺虎，中官肆虐去复来，谁诉边荒无限苦。"

种种情状，让目睹的地方官深感不安，一边是法统的"忠君"，一边是道统的"爱民"，该选哪个，成了他们内心最大的纠结。两广巡抚林富奉命监采，最后犯颜奏请罢采，停止"以人易珠"。

不止一位官员感慨，早知今日，孟尝当年不应推行德政，让珠还合浦。"*曾驱万命沉渊底，争似当年去不还*"（明赵瑶诗）；"*若使今日孟尝来，珠去无还翻所愿*"（明林兆珂诗）。

在王鉴之前，廉州知府李逊、沈纶都曾因为采珠与太监发生过冲突。嘉靖年间，知府胡鳌为了不使采珠累及府民，"擅自"动用驿站滚存的钱款作为开支。

王鉴力阻采珠起了作用，加上当时珠民黄山秀"聚众闹事"，得以缓采。

但王鉴两年后却因违抗上峰旨意，险些惹来杀身之祸，最后受到了"罢官留任察看"的处分，挂冠而去。

王鉴获得从轻发落，是因为当初为刘荣嗣奔走保释而结下的善缘。他任职廉州时的顶头上司两广总督兼巡抚张镜心，正好是刘荣嗣的亲戚。

王鉴在给张镜心的赠画中曾提到，因为刘荣嗣的缘故，张镜心对他格外青睐，并不把他当成下属（*破格提携，不以属礼相加*）。显然，正是张总督的庇护，让他度过了自己的人生大劫。

王鉴是名门之后，他的曾祖父是明朝文坛领袖王世贞。王鉴在画界的名声没有徐青藤、唐伯虎、郑板桥、文徵明等人响亮，这与他的艺术方向有关。

王鉴是董其昌的学生，"董老师"要求他"学画唯多仿古人"，他毕生的画业沿着董其昌指引的"摹古"方向前进，作品多为仿、摹、拟，揣摩董源、巨然、吴镇、黄公望等前辈之笔意，成了复古派的代表。

但他毕竟天分高，又是性情中人，四十岁就离开了官场。明清交替，他既不出仕做新朝贰臣，也不当"反清复明"的志士，落拓不羁，以画自遣，做一个冷眼观世的遗民。

妻子早逝，他再未续娶，虽晚景凄凉，但却能全身心作画，在仿古中鉴古，转化笔墨结构，形成了自己的山水画风格。

吴梅村有诗称赞王鉴："布衣懒自入侯门，手迹流传姓氏存。"他的族叔、"四王"之首的王时敏称他"廉州画出入宋元，士气作家俱备，一时鲜有敌手""当今画家不得不推为第一"。

清朝陆时化也曾在王鉴的画上题跋："廉州罢郡，在强仕之年，顾盼林泉，肆力画苑，笔墨之妙，海内推为冠冕。"

在任时是耿介正直的清官，挂冠后成为复振吴风的画坛巨擘，"王廉州"这位廉州历朝历代历任中的"另类"好官，就此留下了一抹历史文化之光。

（本文参考上海博物馆陶喻之先生《珠厓昔日罢征求》一文，谨致谢忱）

被称为"廉州之幸"的不幸知府

从周朝开始，中国的老百姓就喜欢给当官的编顺口溜，历朝历代可以说是绵延不绝。

清康熙年间徐化民任廉州知府，当地流传有一首关于他的顺口溜："廉州府，莫道苦，今有廉人徐父母。"

顺口溜只有三句，表达得这么"赤裸裸"，让人不禁有点怀疑是史官编的。

但这顺口溜在他任上就流传了，那时他到廉州担任"主要领导"才一年，文人和百姓就开始传唱（*方期年，士庶歌之*），又像是有人在拍他马屁。

但正因为到任才一年，就有人传唱，它又像是真的。"诗言志"，顺口溜这种民间的打油诗，表达爱憎好恶最为直接，可能是某个"鬼才"所作。因为表达了共同的心声，所以诵于悠悠众口。

徐化民是辽东人。康熙六年（1667年）他通过"礼部考试"（会试），补缺担任廉州知府。

南明此时已经覆灭，但由明入清改朝换代的时间毕竟不长，清政府为防备盘踞台湾的"郑家军"，采取"*滨海民悉徙内地五十里*"的迁界禁海政策，处于边陲海防前线的廉州受战事影响，"*疮痍未起*"。

270

当时的廉州，属于南明负隅顽抗新朝的相争之地，几番易手，兵连祸结，只有数间茅屋，无圩无市。人烟稀少、民生凋敝的情形，不是一般的严重。

在一府之长的徐化民眼里，"百废待兴"并不是一个抽象的四字成语，而是嗷嗷待哺的饥馑百姓，野草繁茂的阡陌田园，千里无鸡鸣，白骨露于野，还有落草蜂起的盗贼。

"世间一切事物中，人是第一个可宝贵的"，这是后世的伟人语录，但徐化民当时显然也是这样想的。

他发动商家捐款，与"商会会长"张伟商量，在廉州城的废墟中搭建了许多草屋，发布告示，召集流民，免费把草屋提供给他们作为栖身之所，同时废除一切劳役。

一时间，廉州与内陆接壤的东边，从新圩、公馆、闸口通往廉州城厢的道路上，人们携家带口，络绎不断，纷纷回到廉州落户。

（莅任之初，地方疮痍未起，城内外仅草屋数家，道路无圩市。

公商之总镇张伟相与捐金，多构茅廛，召集流亡居住，禁革一切力役。

东自新圩、公馆、闸口等处，以及郡城关厢来归者踵接。）

顺口溜就是这个时候出现的。

过去地方官被称作"父母官"，其实这并非通称，而是一个优秀的标杆。"民之所好好之，民之所恶恶之，此之谓民之父母。"民有所应，政有所呼，做民众盼望和满意的事情，才称得上是"父母官"。

徐化民被称为"廉人父母"，做不到像他这样的地方官，是不够格叫"父母官"的。

徐化民明显有先见之明。他康熙六年（1667年）到任，搭建茅庐草舍收容流民时，朝廷边控还很严厉。到了康熙八年（1669年），随着"郑家军"被剿灭，边海禁令放宽，未雨绸缪将流民收容在籍的廉州府仅历时几个月，丢荒的土地就恢复了耕作。

以农为本，徐化民重农却不轻商。廉州是食盐产地，他向朝廷申请允许商人经营盐务，疍民生计有了出路。

徐化民最刻意经营的是教育。他设立义学，聘请教师，县试和府试严防作弊，保障了教育公平。

他还向广东负责教育的最高长官（学宪）申请增加廉州的录取名额，参加科举考试的人明显增多。人们认为这是他为当地人才发展做的一件功德无量的大好事。

（尤锐意鼓舞学校，设义学以养士，课试至公至明，力请学宪复进取额，由时入泮观场较昔有加，士论德之。）

一府之大，事务繁多，无德难以服众，无能难以安民。徐化民做官事无巨细，殚精竭虑。

《廉州府志》记录了他在纷繁乱局中办成的诸多大事：

康熙六年（1667年），廉州连续数月大雨，城墙倒塌，他带人抢修复原。同年九月，他主持重建了府学的尊经阁。

康熙九年（1670年），他把招纳流民当成中心工作，亲率州、县主官，"招抚劝垦，流亡渐复，田野渐辟"。

康熙十年（1671年）正月，他与张伟一起，招安了夏云高等一百一十九名"反清复明"人士，安排耕地，化兵为农。同年十二月，欧昌盛等二百九十七名流民受招，他深入钦州，与知州董尔性联名发布告示，调剂土地，安排他们回原籍落户。

康熙十一年（1672年），他带头并发动部下捐款修建府学文庙。同年七月，他主持动工修复海角亭。

康熙十二年（1673年）三月，他拉开农业水利"大会战"，修复了合浦白龙城及钦州防城的各处防汛设施。

他还修筑炮台营垒，修造战船，防范海寇；落实保甲制度，维持社会治安，着力为百姓安居乐业提供保障。

徐化民最为后人所称道的，就是修编了《廉州府志》。

志书是"正确打开一个地方"的钥匙。俗话说"走马上任，下马观志"，这几乎是地方为官的"规定动作"，从志书中可以观风俗，察地情，知人心所思所盼和习俗禁忌，实现与民众"心往一处想，劲往一处使"。

徐化民到任"粤东极边"的廉州府时，曾三年未能找到一本志书，这让他尤为郁闷。

康熙十一年（1672年），康熙皇帝为了显示自己的文治武功，颁布圣旨，要修《大清一统志》。这道圣旨急如星火，督促各府、州、县长官尽快完成各自的地方分卷。

徐化民借这股东风，出重金征购旧志书以作参考。功夫不负有心人，终于在钦州一个山中旧窑，一本已是断简残篇的廉州旧志书被人找到了。

他召集一批秀才，认真遴选抄写，缺漏的地方补上，冗杂的内容删节，不完整的章节接续，翌年终于大功告成。

康熙版的《廉州府志》成为最完整的廉州地情文献。

"郡之有志，犹国之有史。国不可无史，则郡亦不可无

志。"徐化民主持编纂的《廉州府志》，得到后人盛赞："于兵燹之余，文献赖以不堕者，公之力也。"

徐化民的人品也不是一般的好。他生活清廉朴素，经常接济贫苦，身为廉州的老大，却从来不强买别人的东西。

他对下属宽严相济，办案主张宽大为怀，不仅手下对他敬服，商家百姓也十分爱戴他。

（至于禀性廉朴，赈施贫窭，平买什物。御下宽严相济，听讼惟尚宽和，属员怀畏，商民悦服。）

廉州有幸遇上这样的好官，徐化民自己却"运交华盖"，倒霉透顶。

康熙十二年（1673年），吴三桂开启"三藩之乱"。

康熙十四年（1675年），叛将祖大寿的儿子、高州总兵祖泽清叛清，廉州地区不少文武官员接受"伪职"。同年八月，吴三桂部下攻陷廉州，同知田钟雨、合浦知县金世爵等战死，知府徐化民"被执而去"。

廉州"城头变幻大王旗"，康熙十六年（1677年），祖泽清再次向清朝廷"投诚"，而在廉州做了诸多好事的徐知府一直下落不明。

在徐化民修史之后四十九年，一位叫徐成栋的廉州知府对《廉州府志》重新做了修订。给徐成栋版府志作序的大臣王朝恩感叹："前后四十九年典修同一姓氏，廉则何幸！"

今日人们披阅徐化民主持编纂的府志时，不知道会不会想起这位带来"廉州之幸"的不幸知府。

钦州知州来自遥远的东北铁岭

孔子曰："君子有三畏：畏天命，畏大人，畏圣人之言。"孔子自己是圣人，大家"畏"这位圣人之言，因此历史上不少人起名叫"三畏"。

北宋有个周三畏，是理学家周敦颐的孙子，秦桧叫他办岳飞的案子，他给秦桧留了一封信，声称"思之再三，志不可夺"，挂冠而去。

明朝有个徐三畏，任县令时"刁疲之民皆化为良善"。当时有个偷牛贼，本来已经将偷来的牛卖掉了，听说徐三畏的贤名，居然又把牛赎回来，归还给失主。

清顺治年间，廉州府钦州有位知州，姓喻，也叫三畏。史书中称他"功德弥天"。

这评价自然有些"掺水"，但实事求是地说，喻三畏在钦州的确办了不少实事。

喻三畏来自遥远的东北铁岭。他学历不算高，只是个"拔贡"，相当于参加省里考试的特招生。

喻三畏最初担任陕西凤翔府别驾。历朝历代地方官都是"长官负责制"，作为长官的知府，都配备了一些佐官，别驾就是知府的助理。

刚走上领导岗位的喻三畏表现突出，在府里的"后备十

276

部"中，他一直排名第一。他还曾经协助过督军，部队的官兵服他，驻地的百姓则对他表示感念。

（历列首荐，贤声丕著。阁部题请督兵湖广，慑威民怀。）

顺治十七年（1660年），喻三畏担任钦州知州。

当时由明入清改朝换代未久，两广一带是南明的根据地，李定国率军抵抗大清，双方在这一带拉锯，廉州府曾几番易手。蛟龙打架，鱼虾遭殃，导致廉州兵荒马乱，民不聊生。

喻三畏在钦州上任后，招纳流民，编户入籍。战火刚刚平息，就遇上了特大旱灾。他向朝廷紧急报告了灾情，停止了缴纳赋税。

为了让相关的惠民政策贯彻到底，真正泽及苍生，他派人摸底，列出各家各户耕地丢荒的情况，免除相应的粮税，使许多家庭度过了饥荒。

（兵火之后，时值岁饥，恤灾停征，申详荒田，奉题蠲免，民命赖苏。）

喻三畏在钦州不搞什么"新官上任三把火"，而是按部就班，循序渐进，"从群众满意的事做起，从群众不满意的事改起"。

当时的乡长、里长巧立名目，盘剥群众，他把这些陋规全部废掉。他以身作则，加强廉政建设，刹住了这股官场歪风。

百年大计，教育为本。作为地方官，喻三畏对教育尤为上心，他在钦州启动了一系列文教工程：创建学宫，修复明伦堂和城隍庙。

他还将损毁严重的天涯亭迁回最早的古渡头原址进行重

建。此外他还邀请一班文人，编纂了《钦州志》。

做这些事自然要花钱。喻三畏操持这些民心工程，总是捉襟见肘。每一项他都带头捐出薪水，并向社会各界劝募。

史书称，喻三畏身为一州之长，吃穿用住跟一个寒酸的读书人没有什么两样（自奉竟同寒士）。

廉能生畏，表面上的落拓，丝毫不影响他的威信，不像现在一些官员，总觉得行头没有几千上万元就没面子。

由于实行避籍制，衙门里要聘用本地人做胥吏。不少人为了进衙门当差，伪造本地户口，到处请托送礼。

喻三畏对这种"奔竞之陋风"深恶痛绝，严惩不贷。他破立并举，通过兴学培养"地方干部"。

（更严禁冒籍，培植土著，惩作弊之书吏，治奔竞之陋风。）

钦州地处十万大山，山高林茂，老虎出没，经常发生老虎吃人事件，闹得人心惶惶。那时候人们一没枪支护身，二不能开车逃命，出行或是下地干活，都担惊受怕。

喻三畏带人进山驱虎，虽然没打到老虎，但从此以后，就像韩愈祭鳄一样，一下子虎迹杳然。

古时候人们信奉万物有灵，凡事有蹊跷，就往"天人感应"上猜测。大家都认定这是老虎通灵，受喻知州赤诚爱民之心感动，自行离去。

喻三畏在迁建天涯亭竣工时，写过一首诗，不无自豪地声称"亭构天涯古，江干我复开"，诗的最后两句是："长安知远近，搔首独登台。"

"长安"是京师的代称，京师乃皇帝所在。喻三畏偏居

一隅，衔命守土，念兹在兹，登上这亭子，就想到自己肩上的责任。

喻三畏"长安知远近"的心境，与苏东坡在合浦海角亭挥毫写下的"万里瞻天"，何其相似乃尔。

像廉州知府徐化民一样，钦州当时也流传有知州喻三畏的顺口溜：

我喻父母，轸民艰苦。
开诚招抚，民归故土。
省刑薄赋，除贼驱虎。
我喻父母，名垂千古。
歌之不已，勒石立祠于东门东衢。

时光倥偬，时过境迁，白云千载，江水长流。钦州东门道旁的喻公祠早已不知去向，但史册中翰墨不灭，让后人知道，钦州有过一位叫喻三畏的清官能吏。

灵山一个姓"多"的县太爷

县太爷被称为"七品芝麻官",但那是相对其上司而言,毕竟"官大一级压死人"。

对于芸芸众生,这"芝麻官"简直就是须弥山。须知,在科举考试中历尽艰辛中了进士的,大都也只能得个知县职。

话说回头,要是正值兵荒马乱,所任职的县又是一个穷乡僻壤,相比进士的出身,当官似乎更加不值了。

康熙二年(1663年),一个叫"多弘安"的北方人,被派到廉州府灵山县当知县。

这实在不是一个好差事。你要是知道多弘安的履历,一定更会这样想。

多弘安与大名鼎鼎的多尔衮并无关系,后者姓爱新觉罗,而多弘安是如假包换的汉人,籍贯河北阜城,生于明天启三年(1623年),在家中排行第三,从小聪明伶俐,是同龄人中的佼佼者。

明清之交,因为改朝换代,他耽误了功名。清顺治五年(1648年),二十五岁的多弘安才作为拔贡生,被推荐入读国子监。

康熙继位后,已年过四十的多弘安参加皇帝任主考官的廷试,被钦点为第一名,也就是戏台上常见的"状元郎"。

按理，给状元分配工作，最理所当然是留在京师入翰林院，或留在各部"观政"后担任"处长"（主事），甚至当上"皇帝办公厅"的秘书。

但不知何故，多弘安却被分配到了偏远的岭南——廉州府灵山县。

灵山县在唐朝以前叫南宾县，唐贞元十年（794年）才改为"灵山"，是因境内的西灵山（即六峰山）而得名。

灵山县山多，属于六万大山、十万大山余脉。农耕时代，灾害频发，平头百姓动辄落草为贼。山多自然土匪多，史书甚至称之为"盗贼渊薮"。

一个北方人，一个被钦点为状元的北方人，本应"春风得意马蹄疾，一日看尽长安花"，却不远万里，来到烟瘴流行、盗贼出没的南蛮之地，这是什么精神不知道，但这是什么命运都知道！

多弘安的心里，不知道有没有过"人生的路啊，怎么越走越窄"的感慨。

他来到灵山县，看到的果然是不出所料的破落残败，"政府大院"没有"周转房"，生活用具缺这少那，让人简直受不了（荒残已极，居无衙舍，器用缺乏，不堪其忧）。

其实灵山县的破败，可以说是由来已久。这个处于大山丛中的县城，从明朝起就一直未脱匪患，"寇势纵横，剽掠无虚日"。

明景泰年间廉州府教书匠出身的林锦，就是因为任灵山"代县长"时治匪有功而获得转正，随后获任廉州府代知府、知府，最后升至"军区副司令"（广东副都指挥使）。

古代没有城市，只有城池。城就是城墙，池是环城的人工壕沟。林锦在任时，灵山不像别的县城有深池高墙，林锦"甃以砖石高墉，连楼横亘五百丈，灵遂为重镇"，但其他各方面的基础设施并不完备。

清康熙初年，盘踞台湾的"郑家军"以匡复大明的名义，不肯臣服新朝，经常在东南沿海袭扰。南明大将李定国在南方抗清更是烽烟不息，廉州府及所领县城几度沦陷。

战火纷飞，创伤累累，原本就"缺头少尾"的灵山县城雪上加霜。

多弘安随遇而安，对这种状况并不为意（安处之晏然也）。也许是人到中年，早已是"暮春观花——看开了"。他既不抑郁，也不焦虑，按部就班，该干啥干啥。

先是招抚因连年兵火之灾而流离失所的难民，通过募捐，分给他们耕牛和种子，使之逐渐安定下来。

后创办学宫，修缮县衙，复筑城墙，开展清匪运动。（徐行招抚，捐给牛种，流移渐复，创学宫，缮衙宇，葺城垣，除盗贼。）

多弘安一手硬，一手软，恩威并用，六年时间，他推进了一批一直想做却未能做的项目，办成了几件一直想办而未能办的大事，灵山县很快就有了崭新的面貌。

康熙七年（1668 年），多弘安调任河北承德知县。

虽然同为七品知县，但是灵山的"一把手"与京师附近避暑胜地的最高长官自然不能相比。

聪明或者说谦虚的官员，为官一任，不会骄傲地觉得是自己造福了某个地方，只会认为是那个地方成就了自己。灵山的老百姓为多弘安勒石铭碑，感激他留下的善政。

　　而作为仕途起步，多弘安在灵山任职的经历，为他的官场生涯奠定了基础。

　　多弘安为官都在康熙一朝。从地方官转任河务官，辗转于淮河、黄河和大运河之间，成了一位卓越的治河专家。康熙二十八年（1689 年），他被提拔为江西布政使。

　　也许是年近七旬，人老心慈，他在布政使任上，属吏有贪赃行为，因为"不快速查办，打算从轻处理"，被大臣傅腊塔弹劾"治下不严、存心包庇"而去职。

　　他居家养老期间，黄河、运河发生溃堤溢坝，朝廷打算让他出山，这时候的多弘安已经一病不起，康熙四十一年（1702 年）八月，他在家中去世。

　　仕途之初遥远的岭南灵山县，依旧是他备极哀荣的光辉起点。

　　明清两朝，地方普遍立有"乡贤祠""名宦祠"，名单由皇帝亲自批准。去世后的多弘安，获准列入灵山"名宦祠"祭祀。只是现在没有几个灵山人知道罢了。

治水功臣背上破坏风水的黑锅

合浦人对康基田的名字,远比对历史上其他的官员熟悉,而且似乎对他没有什么好感,认为他建文昌塔把合浦的风水搞坏了,使得合浦没法出"人"。

这个"人",有人说是皇帝,有人说是将军大臣,也有人说是科举的状元、探花、进士、举人之类。

其实说康基田修文昌塔搞坏风水,是跟"关公战秦琼"一样的笑话。文昌塔是明万历四十一年(1613年)知府刘行义建的,康基田在清乾隆年间任廉州知府,两者所处的年代相差超过了一百六十年。

康基田招来如此荒唐的骂名,只因他是著名的水利专家。

在许多人的观念里,"水利专家"就是"风水地理专家"。明朝刘行义建的文昌塔,正好又是"改风水,培文运"的塔,九不搭八,于是清朝的康基田被迷信者当成了"替罪羊"。

康基田是山西人,生于清雍正六年(1728年),卒于嘉庆十八年(1813年),活了八十五岁,"人生七十古来稀",他称得上是"遐龄鹤寿"了。

康基田"小时了了",堪称神童,七岁开蒙读书,十四岁就中了秀才——要知道洪秀全考了四次,到了三十岁还是不长进的老童生,大病一场后,才揭竿而起。

二十六岁时，康基田乡试中举，四年后，即乾隆二十二年（1757年），他鱼跃龙门中了进士，被任命为江苏新阳知县，任职达八年；随后又任潮州通判超过十年，积累了丰富的地方工作经验，对民间疾苦体会殊多。

从乾隆四十三年（1778年）起，康基田先任河南河北道总管，后调任江南淮徐道，开始专职治水，奔波在黄河、淮河和大运河之间。

一生与这桩吃力不讨好的苦差纠葛，他的"仕途"成了"险道"，时功时罪，骤升骤降，就像波涛中的一只小船，起起落落，沉浮不定，受尽了折腾和磨难。

乾隆五十四年（1789年）六月，康基田指挥防汛时身先士卒，差点丢了命，获得皇帝表彰，已是从二品河道总督的他，获加官"护理安徽巡抚"。

没过多久，由于下属伪造赈灾凭据，自己"陈奏不实"，他遭受灭顶之灾，先被"褫去顶戴"，接着被发配新疆伊犁。

好在皇帝开恩，他不久便重获起用。到嘉庆登基时，他成为正二品的巡抚。

升官没两年，因为河道决口，他再次被撤职，勒令戴罪主持修建导流渠。

随后一场洪水，检验出他力主修建的导流渠分洪有功，又得以复职。

还没得意多久，他又因修筑的河堤渗水，被勒令用工资赔偿。祸不单行，工地上一场大火，烧光了筑堤的工料，他第三次遭到革职留用。

康基田这时候似乎成了入定老僧，八风不动，一心筑堤治水如故，兢兢业业，只要让他搞水利，他就丝毫不理会脑袋上的乌纱帽几斤几两。

他没有感动天帝，却感动了皇帝，再次"咸鱼翻身"，被起用为从二品大臣。

治水的人似乎注定终生"水逆"，不久康基田又因延搁船务，第四次被贬，降职当了户部的六品郎中。

嘉庆十三年（1808年），年已八旬的康基田仍孜孜不倦于治水，皇帝聘他为河工顾问。五年后的嘉庆十八年（1813年）腊月十四日，享受三品待遇的康基田走完了他起起落落的一生，留下了彪炳千秋的治水业绩。

康基田之所以能在宦海风波的官场中屡仆屡起，一有赖于他治水的能力，他是名副其实的水利专家；二来是他勤于政务，持廉守洁，公忠体国。

但他善于谋事，却不善谋人，导致他第三次被革职的那场大火，就是下属故意放的，原因是他凡事亲力亲为，为人察察，驭下严苛，对犯了过错的下属一律付之以军法，弄得手下人对他既怕又恨。

说到康基田与廉州的缘分，史书称他"为官清正，在钦、廉多惠政"，是一位历史上为廉州做出过重大贡献的廉能之官。

乾隆三十八年（1773年），康基田从钦州知州升任廉州知府，来到这个"扼塞海北，远镇交南"的岭南重镇。

廉州城紧靠西门江，洪水加上海潮，经常引发内涝。廉州成了他小试牛刀，施展自己治水能力的地方。

到任廉州的第二年，康基田就着手治理内涝。

他采取"疏、储"二法，疏通城内水道，把城东淤塞的旧洞凿开，开渠引水，开挖北河塘，成功地解决了"廉人苦之久矣"的内涝问题。

这套系统直到二十世纪九十年代合浦县城填掉那些池塘前还发挥着作用。

康基田搞经济也颇有一手，农商并举，一是引进种桑养蚕技术，使农民多了一项生计；二是增建圩市，在明朝时建的卫民圩旧址修建了两百多间店铺，"招商招资"（复古卫兵圩，筑庐舍二百余间，招徕商贾），把它变成一个百货汇集、买卖兴隆的市场。

康基田出身贫寒，有幸得乡贤资助入读山西著名的晋阳书院。感于自己的身世，他尤为重视教育，不惜财力，将廉州中学的前身海门书院从易受水淹的江南移到江北，延请名师到书院授课，还亲自制订校规，防止学生冶游逸乐，作奸犯科，培育了廉州崇文向学的风气（不容违聿舞弊，廉郡学风日盛）。

廉州后人最应铭感康基田的，是他对苏东坡遗迹的保护。

他在实施廉州城内涝整治工程时，在城东发现了当年苏东坡曾汲水的古井，还找到了湮灭在荒草中的苏东坡寓居的清乐轩遗址。

他精心设计，聚工集材，并亲自监工，仅耗时三个月就修建了东坡亭和东坡井，为后人留下了这位结缘廉州的大诗人的珍贵遗迹。

康基田厚爱廉州，称赞它"山平土沃，农桑鱼盐之利，甲于他郡"，自己身为知府，"职在亲民，民间利弊疾苦，

下至日用琐屑"，符合民众利益的事，要是知道了没去做，或者做了却未能尽心尽力，没有收到功效，心里就为之不安。

然而，这样一位用无数事功证明了自己言行一致的廉能太守，却在民间背上了"破坏风水"的黑锅，令人不禁为之唏嘘。

历史与文化，有时候就是这么吊诡而荒唐。

施琅之子曾任廉州知府十六年

　　清朝有部著名的通俗小说《施公案》，主人公名叫施仕伦，秉公执法，逢恶诛恶，有冤雪冤。他的原型就是收复台湾的施琅将军的三公子施世纶。

　　施世纶有个老弟，大名施世骥，与合浦有缘，曾在廉州任知府，而且一当就是十六年。

　　龙生九子，大概因为施琅不是龙，所以只生了八子。生得多，也教得好，八个儿子个个都有出息。

　　官大名大出息大，最有出息的自然是施世纶，官至清朝的"交通部部长"（漕运总督）。其次就是任廉州知府的这位老四施世骥了。

　　施世骥能文能武，除了会写文章，耍枪弄棒、骑马射箭更为擅长。

　　施琅投降清朝廷后，清闽浙总督姚启圣第一次见到施世骥就觉得小伙子不错，便把他收到帐下。

　　福建浙江沿海是当时反清复明的郑成功活动的地盘，施世骥一是为表忠心，二是要出人头地，向姚总督请求到一线"剿匪"。姚启圣欣然答应，还给他安排了一支兵马。

　　战场上"遛"过一圈，证明了施世骥踏实能吃苦，考虑问题周全，且办事能力强。

康熙二十年（1681 年），二十岁的施世骥跟随父亲征讨占据澎湖列岛的"郑家军"，他负责后勤，筹集船只、装备和粮饷。这本是最为繁难的事务，他却办得有条不紊。

康熙二十二年（1683 年），施世骥又随父渡海攻打台湾，立下了战功。

平定台湾后，施世骥由武将转业为文臣，在朝廷担任"处长"（部郎主事），随后被调到浙江严州任同知（知州的副手）。康熙四十三年（1704 年），四十三岁的施世骥升任廉州知府。

像历朝历代的循官一样，施世骥任知府期间，以农业为本。清朝廷原来为防范盘踞台湾澎湖列岛的郑成功，实施禁海迁境，沿海五十里内的居民强令内迁。消除了"郑家军"这一心腹大患后，朝廷在续禁与开放政策中摇摆不定。

作为地方官，施世骥悯农心切，想方设法鼓励人们开荒复耕，修筑水利，增产粮食。

康熙四十九年（1710 年），施世骥在廉州任职的第七年，廉州遭遇一场特大旱灾，同时发生瘟疫，人们纷纷逃荒避难。

施世骥四处奔走，向朝廷各部申请救灾款项，并亲自分粮发药，受到康熙皇帝的表扬。

施世骥还是一位"教育知府"。教育固然重要，但比起缉盗、赈灾、采珠等事务，往往很难成为当务之急。廉州自明朝以来虽然建了不少书院，但是由于改朝换代，年深日久，不少书院已成断墙残垣。

施世骥看到廉州不少孩子天资很好，却无处读书。他认为"十年树木，百年树人"，一个地方涵养文明、化育百姓，不是一朝一夕的事，必须从小抓起，于是他把教育作为地方官的首要职责。

他着手将原来的天南书院翻新改造，扩大成八间教室，更名"海天书院"，聘请了有名望的读书人担任"校长"（山长）。海天书院赓续合浦的文脉，成为现在廉州中学的前身。

过去有句话，"当家三年狗也嫌"。可能是世荫的缘故，施世骥成为廉州明清两朝一百零六任知府中任职最长的一位，直到康熙五十八年（1719年）在任上去世。

施世骥兢兢业业，守土有方，不仅没有令人厌烦，相反留下清名令誉，像他三哥施世纶一样，成为一个受人爱戴的好官。

他节衣缩食搞了一批重点工程

铁打的衙门流水的官。这流水官到了一个地方，第一件事就是"观志"，找当地的志书来认真学习。

这种传统被概括成八个字：走马上任，下马观志。

志书无疑属于历史。唐太宗说："以史为鉴，可以知兴替。"地方志这面鉴（镜子），对于刚上任的地方官来说的确很有用，除了知道建置沿革、资源物产，还能了解前贤遗迹、风土习俗和地域性格。

岭南名州廉州，明清两朝共纂修了七部《廉州府志》，在存世的五部中，康熙六十年版的评分最高，是公认的体例完备，内容丰富，既有实用性，又有可读性的志书。

造这面"镜子"的人姓徐名成栋，辽宁襄平（现辽阳）人。康熙五十九年（1720年）春到任廉州府。

现在人们常把重视教育的官员，称为"教育县长""教育市长"。徐成栋是一位货真价实的"教育知府"。

徐成栋的出身并不显赫。最早只是官衙里的一个"文书"（笔贴式），做些抄写和翻译满汉文的工作。

因为表现好，他被提拔为负责审理案子的小员。就跟现在从书记员提为法官差不多。

有的人有了舞台却没能耐，徐成栋则是给点阳光雨露就疯长。廉州知府的位置，给了他展现抱负和能力的机会。

他一上任就抓教育（甫下车即以学校为己任）。他在考察府学时发现，这个天启年间迁到海角亭附近的廉州最高学府，一直以来修修补补，没有得到根本上的改善（嗣是屡加修葺，仅取苟完，无经久计）。

教育号称"百年大计"，岂可"无经久计"！

徐成栋主持对府学做了大规模的翻新，修复了主殿和大成门、棂星门、名宦祠、乡贤祠、明伦堂、尊经阁，还有前任知府施琅之子施世骥迁建的联珠书院，添建了砥柱亭、书屋，重建了坍塌的启圣祠，开挖了泮池，将旧府学变成了崭新的学堂（俱焕然改观）。

除了硬件，软件也得到大幅度改善。他给府学添置了乐器、祭器，还请来专门的乐师舞师，教授师生向孔夫子致敬的"修舞"，使得祭祀孔夫子的仪式得以恢复。他还每月抽空亲自授课和评点。

（首兴学校，捐修文庙，重建启圣祠、尊经阁及大成、棂星等门，置乐器、祭品，延乐师教习乐舞以光祀典。

修联珠书院，添砥柱亭、书屋，延名师，设义学以训育多士，每月课艺必亲评品。）

一时间，廉州教育呈现出一种大张旗鼓、光复文化的气象。地方乡绅拍手叫好。

他们称赞说，府县的学校就像人的眉目，如果一个人塌眉吊眼，这个人看上去就令人不爽。要是学校没办好，别的一切都是扯淡。（庠序之教或弛，虽有仁心仁闻，亦劝之无机，用之无要，为之无方，其他安足道哉。）

徐成栋很开心自己的兴学之举，赢得了群众好评。他在自己所撰的《重修文庙记》中称，推动教育体制落实，不是当官的责任又是谁的责任（崇其制于学宫奉祀，惟谨非有位之责而谁责哉）？

他还说，那些寺庙弄得雕梁画栋，金碧辉煌，师生读经习道的地方却那么破败，这样行吗？虽然教育好不好，不应该光看学校的表面，但不这样做，算得上对教育有敬意吗？

为官一任，徐成栋颇有历史感。他说，现在我们看过去，就像后来人看我们，在其位不能不在前人的基础上做些增光添彩的事（若夫今之视昔，犹后之视今，是不能不重有望于踵事增华者）。

徐成栋当时兼任合浦知县（兼摄县篆），还修复了合浦县的城墙和三个城门门楼。

大名鼎鼎的海角亭也纳入了他修葺的计划中。他重修了大门和正厅，还为左右耳门分别题词"澄月""啸风"，为古亭平添雅意。

两年时间，廉州府"向之废堕，渐次修复"。

然而，如此大兴土木，居然"不费民间丝粟，亦未尝取给公帑"，既没让老百姓出钱，财政也没有新增预算。

钱从哪来？一是政府过紧日子，节衣缩食；二是违法罚没（自节衣缩食，或间值罢民之捍法者，薄罚而输之）。

徐成栋还带头捐出了全部积蓄（独捐所有）。

徐成栋"既办好事，又尽量不扰民"的执政思维，在民生工程廉州龙津桥的修建中得到充分体现。

龙津桥在廉州城东的护城河上，因桥建在引龙门江水入护城河的河段上而得名。徐成栋到任时，石头砌的龙津桥已经倒塌了很久，居民来往非常不便。

民间认为，修桥铺路属于积德行善，其实它更是官员的职守。后唐有位王周，任信都刺史时，因为城门外的桥坏了，老百姓的车子掉进河里，他觉得这是为官之过，自己出钱修好了桥，留下了"桥梁不修，刺史之过"的名言。

徐成栋到任的第一年就想重修此桥。只是此时的廉州百废待兴，直到康熙六十一年（1722年），也就是他上任的第三年，在把文庙、府学、海角亭、城墙和《廉州府志》等大事办好后他才着手修桥。

过去修桥，一般都在农闲时节，摊派杂役公旬，现在叫"投工投劳"，但修龙津桥需要大量砖石，只靠杂役显然不行。徐成栋"凡有兴作，首持扰民之戒"，他自己捐出薪水购物买料，每日到工地监督，只用了一个月即告完工。

徐成栋还修建了廉州的城隍庙。

城隍庙供奉的是土地神，就是《西游记》中孙悟空每到一地，不明妖精来路时就提溜出来，威胁"打孤拐"的那个。

土地神是传统社会受普遍崇拜的神。古人称"皇天后土"，五谷杂粮出于土，农耕文明讲究土地崇拜，它并非现在人们眼里所谓的迷信。农民出身的朱元璋坐上龙椅后就诏告天下：府、州、县都要建造供奉土地神的城隍庙。

廉州城东的城隍庙风雨飘摇，多所剥落。徐成栋想到，神灵栖身之处，正是岁时伏腊祭祀、祈祷风调雨顺的场所，不宜久失观瞻。

老百姓信的你不信，老百姓愿的你不成全，怎么能"同呼吸、共命运"？只有"奠安下土"，才能"寒燠燥湿，欣戚悲愉，与斯民呼吸相通"。

徐成栋按照城隍庙原来的格局做了翻新（因复式廓而丰新之）。

重修城隍庙竣工时，一班士绅商量勒石铭碑，徐成栋说了一番话：

我这辈子不贪图名声，不讨人欢心，也不求神灵赐福，每到一地做官，只是尽个人本分职责，懊恼自己水平低，施政不当，生怕招致灾祸。有土地神和我共同守护这片土地，希望它与我互相支持，在我力所不及的地方帮助我。因此，我每日清早，都检讨反思前一日的言行，让神明作证（余生平不沽名，不市直，不媚神，不邀福，所至之地，惟循分尽职，每恨余之知识有限，恐致业愆。城隍乃与余共守此土者，惟祈其默相启佑，襄余不逮，每日平旦之候，必将昨之所行端居自省，印证于神明）。

我活了五十年，没有做什么对不起天地、不敢与鬼神对质的事。虽然忧念民生不止，但怎敢因为修复了城隍庙，就觉得有神灵保佑，自己可以有所松懈呢（五十年来，无事不可以对天地，质鬼神也。虽然余之忧民宁有已耶，安敢以庙之既新可凭神力，而遂矜其功以宽其责耶）？

想做事、做成事的人，一般都有自己的指导思想。徐成栋到任廉州当天，就深入调查研究，了解当地历史（下车日按其山川，考其图籍），形成了自己的治廉思路。

他认为，廉州地处南海边陲，离京师近万里，与省会（广州）也差不多两千里，当地经济社会、民生习俗和中原地区并无太大差别，如果安于现状，不发奋有为，改变面貌，自己怎样能做领导表率（廉僻海陬，去京师近万里，与省会亦几二千里，声明文物之盛，车服礼器之备，与中土不相颉颃，使复因陋就简，不修废举堕，鼓舞而振作之，将何恃为坊表，何资为诱掖乎）？

也许正是因为这种"人过留名，雁过留声"的历史责任感，徐成栋十分重视修志工作。他组织了一个二十一人的"编委会"，从到任的康熙五十九年（1720年）起专心编纂《廉州府志》，翌年秋即大功告成，效率之高，令人惊叹。

徐成栋主持编写的《廉州府志》，固然参阅前人，但增删辑校中不无自己的原则。一是"善恶并书"，功过同载。在书中你既能读到大量先贤事迹，也能看到无良者的不良行状。二是"生不立传"，当时在世的地方人士，不管地位多高，名头多响，一律不予收录，避免拍马屁嫌疑（现任名贤，纵有殊尤，不敢称述，恐涉阿谀）。

这两点实在称得上是写史修志的圭臬。相信喜欢读史的人对此都深有体会。

他是廉州中学前身"海门书院"之父

合浦廉州中学号称"百年老校",其实这算"谦虚"了,要是按现在某些大学的算法,它何止百年!它的前身是明嘉靖元年(1522年)创办的"还珠书院",2022年它正好是五百岁。

不知道是不是不好意思把自己说得这么老,廉州中学一般都把"还珠书院"的后身、清光绪三十年(1904年)改为新学堂前的"海门书院"当成自己的前身。

最初把它命名为"海门书院"的,是清乾隆年间一位叫"周硕勋"的知府。

周硕勋是湖南长沙人,乾隆十六年(1751年)任廉州知府。

为官一任,造福一方。作为上书入史的廉能官员,周硕勋在廉州当了六年知府,主要的"事功",一是励耕,二是兴学,三是修志。

先说周硕勋的第一项"事功",就是励耕。

农耕时代,农业为本,这也是所有地方官的首要职责。康熙、雍正、乾隆三朝被称为"康乾盛世",文人都不以为然,因为康乾年间的文字狱很厉害,但从经济角度看,这的确是一个稳定而且大有发展的时期。

周硕勋上任廉州知府时，"三藩之乱"已经平息，台湾也已归于一统，实施数十年的"五十里内禁止鱼盐农耕"的内迁政策已逐渐废止，朝廷"一心一意谋发展"，从康熙晚期起就屡下诏书，鼓励百姓垦荒复耕。

乾隆继位后更是"变本加厉"，谁开荒谁占有，开始还限定面积，到了乾隆十一年（1746年），朝廷认为高州、雷州、廉州的荒地都属于"瘦地"，"皆听民耕种，不限亩数，概免升科"。

朝廷认瘦地是为了"放水养鱼"，具体"做群众工作"的周硕勋，却认为廉州不乏肥地，凡靠近水源的地方，都能开垦种水稻。

他不遗余力地推行复耕国策。"水利是农业的命脉"，他大兴水利，发动大家开挖水塘，修筑堤坝，制造水车，把种种引水灌溉的方法推广到千家万户。

无农不稳的道理千古不易。有田种、有米吃，人们自然安居乐业。不仅商业繁荣，廉州的人口也开始繁衍。

作为商业交易场所的圩场数量的增加是一个有力证明：康熙十二年（1673年），廉州府下的合浦县还只有五个圩市，到了乾隆二十年（1755年）已增加到十八个。

周硕勋的第二项"事功"，就是兴学。

廉州虽然地处僻远，但并非"王化不至"。随着宋朝"核心价值观"——理学的传播，书院就已经在廉州出现，明朝时更是呈现蓬勃兴旺的势头，还珠书院、尚志书院、了斋书院、复初书院等就建于明朝。

还珠书院后来曾改名"海天书院""天南书院"。由明

入清之后，它仍是廉州最有名的学堂。

到了康熙四十五年（1706年），任廉州知府的施琅将军的儿子施世骥觉得书院所在地狭窄潮湿，便将它迁建到府城外江边高处的砥柱矶重建，更名为"联珠书院"。康熙五十九年（1720年），知府徐成栋再次对它进行扩建，并置了学田。

施世骥、徐成栋堪称"教育知府"，但也有人在教育上留下骂名。

乾隆十六年（1751年），时任知府杨枝华将联珠书院的学田充公，弄得书院无米下锅，不得已废止。

世上事都是一正一反，反反正正。杨枝华在将学田充公那年离任，接替他的就是周硕勋。

在周硕勋上任的第三年——乾隆十八年（1753年），就在书院旧址重新建起了学校，亲自命名为"海门书院"。

为了给新学校加持，同时也为了激励士子，周硕勋请来了天上专门主宰文章兴衰的神灵——奎文星，专门建了一座楼阁供师生祭祀。民间把奎文星称为"魁星"，这座楼因此叫作"魁星楼"。

这座魁星楼命途多舛，建成四十二年后，在乾隆六十年（1795年）被毁，现在看到的魁星楼是道光元年（1821年）重建的。

周硕勋的第三项"事功"，就是编纂乾隆版《廉州府志》。

现存四个版本的《廉州府志》，分别是明朝张国经的崇祯版和清朝徐成栋的康熙版、周硕勋的乾隆版、张堉春的道光版。

旧时的地方志书跟现在的大不一样，没有各行各业的成就业绩，却有山川形貌、户役武备，保留着唐朝"图经"的传统；除了职官、大事、艺文、奏议、乡贤、名宦、烈女、孝子之类，对风俗人情也有记述。

古人为官对志书尤其重视，把它当成资政的参考。韩愈写诗称"愿借图经将入界，每逢佳处便开看"，民间更有"走马上任，下马观志"的说法。

但周硕勋到廉州上任时，由于"志乘散佚，残缺不全"，想找一本完整的志书却不能。于是担任知府的第三年，他召集一班文人修编府志，并亲自审校，历时三年于乾隆二十一年（1756年）修成。

乾隆版的《廉州府志》"以诸旧志为蓝本，参以新增，较旧志加详""土地、人民、政事、兵荒、灾异、历朝皆备书之"，成为一本很有价值的志书。

说起修志，周硕勋似乎情有独钟。乾隆二十一年（1756年），他从廉州调任潮州知府，又编了一本四十二卷的《潮州府志》。

许是已有经验，《潮州府志》比《廉州府志》的编目更加周详，内容更为繁富，从中甚至可以查到潮州人喜欢吃的鱼生。

《潮州府志》中赫然记着："蚝生、虾生、鱼生之类，辄为至味。"从这条记录可见旧时地方志书的趣味。今人吃着美味可口的鱼生，还能产生一种与古人同甘的感觉。

一桩感天动地的"子换母命"案

明朝廉州府石康县海岸乡梁村，有一户郑姓人家，主人叫郑赐，夫人谢氏，生了两个儿子，小儿子叫郑䫂（音同"英"）。

郑赐在明英宗在位的正统初年，以乡试第一名（解元）的成绩被录用，担任苍梧县"教育局副局长"（训导）。

夫唱妇随，兄弟和睦，一家人日子过得平安无事，其乐融融。小儿子郑䫂一表人才，小帅哥一枚，不到二十岁，十分聪明伶俐。

这天，有人送来一幅《梅月双清骏马图》，禁不住衙门里父亲一班同僚的撺掇，郑䫂挥毫写了两首长诗，大家一边围观，一边吟诵，齐齐叫好。

其一：

君不见，铁石枝头灿玉霞，
暗花浮动山人家。
诗翁骑驴问消息，处士养鹤成丹砂。
又不见，蟾蜍踏过清虚府，
听彻霓裳羽衣舞。
琴声错落来西厢，掉影香落下南浦。
九重碧落浮清光，万顷连云映疏影。

乾坤灝气清可人，月下仿佛梅花神。
姮娥为报东皇信，一枝占断江南春。
与君秉心同岁寒，春花秋月无情看。
轩居寂寞夜吟苦，朔风凛凛吹阑干。
华光道士画无敌，双清写就千金值。
几回洞府露真传，元恐诗人不曾识。
驿使传来赠与君，冀君志节超等伦。
梯云鼎羹世稀有，对此还思效古人。

其二：

良工妙笔画三马，骏骨龙姿雄且雅。
霜蹄一动逐西风，芒草连云嘶旷野。
君不见子胥昔日沙场战，此马曾为之疲倦；
又不见武王大会孟津时，此马亦为之驱驰。
当今天下不兴戎，此马写入画图中。
谁识此马之英雄，会立安邦定国功。

人无千日好，花无百日红。幸福的日子总是短暂的。没过多久，郑赐在任上染病去世。谢氏大哭一场，办完夫君的丧事后，带着两个儿子回到老家石康县。

（郑諴字汝明，石康县之海岸乡人。

父赐，正统初以春秋魁岭南，仕苍梧训导，大哥郑護考上进士。

郑諴生而颖异，未弱冠为人赋梅月双清骏马图二诗，句语警拔，长老皆嗟异之。

赐卒于任，母谢氏挈丧，与孝子兄弟还乡。）

时光不知不觉地流逝。山中七日，世上千年，明朝在这期间经历了举世震惊的"土木堡之变"，明英宗御驾亲征时被蒙古人活捉，其弟代宗登基，年号由"正统"改为"景泰"；英宗获释回到京师经七年幽禁后复辟，立年号为"天顺"。

史书里看得见的是"城头变幻大王旗"，看不见的是当时皇纲不振，时局混乱，人民颠沛流离。钦廉一带"正统末以来，流土贼寇出没无常，人民十存一二"。

天顺六年（1462年），广西流寇四起，他们进袭廉州境，攻破了石康县城，抓走大批男女老少扣为人质，勒索钱物，收不到赎金就将人杀死（流贼起广西，延入郡境，破石康县治，四出为暴掠人口，苦系之以质，取其货不得皆杀之）。

郑馘的母亲谢氏也被流寇抓走。兄弟二人心如刀绞，商量无论如何都要将母亲营救出来。

郑馘说服兄长，在探听到流寇营地所在之后，毅然前往。

流寇头目见到一个白净后生只身闯营，大吃一惊。

"我来换我母亲的命，你们把她放了。"郑馘说。

"凭什么放人？"流寇头目问。

郑馘说："我既然来换母亲的命，就不会舍不得钱。但钱是我母亲藏的，只有我来替她，让她回去才能把钱取出来（吾欲丐母命，岂敢靳货！顾货在吾母手藏，必欲吾代，释吾母归取之）。"

流寇将信将疑。郑馘说："我人在这里，我母亲一定不会不拿钱来赎的（吾在此，母决不忍不以货来也）。"

流寇头目想想也在理，释放了谢氏。

母亲得以全身而归，但郑鄤说的都是骗流寇的假话，家里哪里有钱！他被扣在贼营，每日被威胁让家人快送赎金来，不然就撕票。但他神情自若，似乎生死全不在心上（鄤在颠沛，言色自若）。

一天夜里，贼营里一片嘈杂，大队人马丢盔弃甲，慌乱开拔，原来是官军进逼，攻进了贼营。

流寇们转移到了遂溪县的拜台村，头目看着被押送的郑鄤，气不打一处来。这白面书生不惊不慌，不像是"肉票"，倒好像反过来吃定了自己一样。

"钱呢？你说的赎金呢，什么时候送来？"流寇头目大声吼道。（以前语诘孝子。）

郑鄤看着他，听而不闻，神情淡定。

"我把你杀了！"流寇头目气得拔出剑来。

郑鄤还是没说话。流寇头目便一刀劈了下去。

郑鄤死了以后，他替母换命的事迹一直在石康县流传。县里的绅士沈昱等人上报知县，请求官府隆重表彰，树他为学习榜样。

但由于石康县被撤销，这件事最后不了了之。（石康县成化七年由林锦具奏裁革，次年准奏并入合浦县。）

距离事发七十多年后的嘉靖十五年（1536年），福建人张岳到任廉州知府。他上任翌年，到离梁村不远的永安城考察军务时，就听到有人说起郑鄤的事迹。张岳是个有心人，他赶紧叫人找来郑鄤遗留下来的题《梅月双清骏马图》的两首诗，一读之下，果然不同寻常，不由得击节称赏（丞索二诗读之，果警拔不凡）。

他即刻叫人带路，前往郑黻老家，看到了沈昱等人当年写给知县的报告草稿，还了解到梁村原有一间建于元朝的社学，坏了修，修了坏，时断时续，后来在郑黻的父亲和兄长修葺后，作为村里子弟读书的场所，而郑黻曾经在那里读书。

几十年风雨侵蚀，这间村头社学早已成了废墟。

捧读着纸页发黄的报告底稿，看着夷为平地的社学，张岳睹物思人，感慨万千。

他给御史陈大用写了一封信，请求批准在旧社学之地建祠纪念郑黻，并在永安城内立一个牌坊，上书"烈孝"二字，让过往路人都能看到。孝子祠和牌坊于嘉靖十七年（1538 年）建成。

张岳是明朝大儒，嘉靖年间在廉州曾担任四年知府，他大力打基础谋长远，实施了兴教育、修水利、筑城池、树人文、息边戎等一系列惠政，是廉州历史上建树最多、贡献最大的官员。

张岳如此重视"精神文明"建设，是要借弘扬郑黻的事迹培育社会正气。

张岳的说法是：梁村这个濒海之地，离廉州府二百多里，当地很多人景仰郑黻，立祠旌表不只是要宣传他的感人事迹，更要使后人学习见义勇为、舍生忘死的精神，使这种精神不至于在穷乡僻壤泯灭。（表而祠之，不但以发孝子之幽烈也，又使后之人知能尽性蹈义以死者，穷海之滨，百岁之远，终不至泯没无闻。）

张岳认为，郑鄤当时"奋身诣贼，志在存母"，一心想的是挽救母亲的生命，这一念诚孝，通于天地，感动鬼神，与百世之人心默相为感。郑鄤的事迹对每一个普通人都能起到激励作用，对于社会教化有着十分深远的意义。（中材以下，或有劝而益勉于善，其系世教，岂浅鲜哉！）

一副对联毁了这位民国县长的清名

我念大学时，看过一部叫《徐九经升官记》的电影，里头有段"当官难"的唱词，几乎可以背出来：

我这被管的官儿，

怎能管那管官的官？

官管官，官被管，

管官、官管，

官官管管，管管官官，

叫我怎做官？

我成了夹在石头缝里一瘪官！

……

徐九经是玉田县的县令，俗称"七品芝麻官"。

其实这粒"芝麻"并不小，压在谁的脑袋上都胜过一座大山。国人怕官，称之为"芝麻官"，不过是阿Q心态作怪。

过去有句话，"郡县治，天下安"，一县之大，方圆从数百到数千平方公里，人口少者数万，大者十几万、数十万甚至逾百万，要做到"保境安民"，真的不是一件易事。

当时各地主政一方的地方官到底是干什么的？他们的生活写照是不是如戏里所演的那样：每天送往迎来，征粮收税，在公堂上审几个奸夫淫妇、宵小之徒，公务之余就与当地的秀才吟风弄月，诗酒唱和？

合浦是广西大县，因汉朝设郡而闻名。我常向外人"吹嘘"，此地乃中国最古老的郡治之地。手头正好有几册合浦旧志，且看一下民国时期的县太爷终日经营些什么活计。

书里有1947年的统计月报，合浦为当时广东管辖的"一等县"："粤中各县，地域之广，以合浦为最。"人口五十九万零三百四十一人，面积七千三百五十九平方公里，现在的浦北县当时也属合浦县管辖。

民国时县长的产生，由省里的民政厅厅长提议，经省政府议决后任命。

在县政府包括各种训令、通令、布告、往复文书的史料中，一位名叫"宁可风"的县长出现得特别频繁。

查了一下，这位宁可风是与合浦县相邻的灵山县人，生于1898年，毕业于中山大学的前身国立广东高等师范学校，当过记者，二十八岁就当了灵山县县长。1929年夏至1930年夏任合浦县县长。

有人喜欢给民国贴金，实际上那真不算什么政通人和、国泰民安的好时代。

从1912年起，到1949年止，"三十八年过去，弹指一挥间"，合浦的县长犹如走马灯一般，一共换了三十七位，最长的任期不过二年许，最短的仅两月，真的是"铁打的衙门，流水的官"。

干了才一年的宁可风，接近于县太爷们任期的平均数。他到底干了些什么呢？

2017年，合浦县一座民宅在施工时发现了一块石碑，上书《合浦中山公园碑记》，碑文就是时任合浦县县长的宁可风所撰。

碑文称：合浦中山公园，是原来的县长钟喜赓（曾任爱国名将陈铭枢秘书）提出，与乡绅接洽捐地事宜后选定了地址；李立民县长接任后与驻军戴师长一起，筹集四千元开工建设。宁可风任职后想到万事开头难，也不甘落后，与合浦人民上下一心，真抓实干，奋战三个月终于将其建成，还在公园东边建了一个图书馆。

（念作始之实难，岂继述之敢后？……与邑人通力合作，历三阅月而园之规模犆具，更就园之东隅旧城隍庙址辟图书馆一幢。）

这篇碑文很有意思，将公园建设的来龙去脉说得一清二楚，丝毫没有贪天之功为己有，体现了"历届班子、历任领导"起的带头作用。

这大概是与宁可风受过去官场弘扬的"循吏文化"熏陶有关，从中也可看出其官品人品不算太差。

宁可风受过新式教育，治理上颇有现代理念，特别热衷于市政、卫生、教育等公共事业。

他先前在灵山当县长时，也建了一个配有图书馆的中山公园。当时灵山比较落后，居民不知卫生为何物，死老鼠、死鸡、死鸭，甚至死掉的胎儿，都乱丢在暗沟里，弄得县城脏臭不堪，经常发生瘟疫。群众又迷信鬼神，求神拜佛，请僧人道士驱邪以保佑平安。

宁可风下令捣毁神像、拆除庙宇，利用其材料建造中山公园，同时修路植树，县城环境焕然一新。

宁县长还号召各乡村将庙租收充教育基金，灵山的学校一下子由原来的三十多间发展到二百余间。

宁可风任合浦县县长时签署的公文中，绝大多数都是社会事务，也就是现在常说的民生福祉。主要有三类：

第一类是市政建设。

在其任内的县政报告书中，记载有当时属合浦县管辖的北海的相关市政建设情况——"北海地处合浦之南，北濒大海，为钦廉各属出口要隘。辟埠以来，人口日繁，商业亦从而繁盛。顾历来衢道狭隘，交通卫生略无顾及"。

正是开埠后的现实需要，自 1925 年起，合浦在北海大兴土木，开工建设时称"大马路""二大马路"的中山路、珠海路，在宁可风接手后，"赶速开筑"，完成了扫尾工作。

宁可风还着手修筑了猫行横马路和通中山路的佑安社路，以及佑安社路经法国领事馆到廉北车站的道路，重新修筑了洼陷损坏的东二巷等路段。

一方面在市政建设上想法很多，另一方面任职时间太短，宁县长的遗憾显然大于成就感。

在他的工作报告中，已有规划但尚未建设的，有升平街一段、大西街一段，珠海东第一市场连接中山东路邮局一段和德芳巷、金源巷。此外，宁可风也在积极筹措北海中山公园和合浦东坡公园的建设，但因种种原因，"交卸在即，不及乐观厥成"。

第二类是卫生教育事务。

麻风病是当时令人闻之色变的传染病，英国教会在北海创办了"西南诸省绝无仅有"的麻风医院。因医院"毗连街市咫尺之地，内住疯人百余，其便溺脓血，毒水滥流水井，大碍卫生"，院长沈永年给县府打报告，打算迁往距北海三四十里的三合口竹瓦洞。

宁可风签发公函，称麻风医院"开办已历三十余载，有功于地方殊非鲜浅"，就批准通过外国教会购地或租地等事宜，请示广东省民政厅，为其积极争取。

还有一份文书，是关于取缔教员用土话教学的训令。宁可风县长的训令极有意思，兹录如下：

查本县各小学，无论县立区立，几乎可以讲是完全袭用土语教授，这种不良习惯，不但使学生看读语体文字发生窒碍，更将养成狭隘的乡土观念，影响尤大。自此次通令之后，务望各校校长督率教员马上废弃土语教学，一律改用和标准国语相近的语言来做教授语言，切实改革奉行。

要知改革之初总有些小勉强困难，那是万不能免掉的，倘以稍觉勉强困难便因循下去，那真永无改进的希望了。

此令。

这种口吻，是否像父母谆谆教子？难怪县官过去叫作"父母官"，爱民如子的情状溢于言表。

第三类是各种禁革事宜。

这些文书包括"查禁招摇诱骗""严禁各团警刑讯人犯""禁革迷信陋习""查禁良娼杂处""严禁卖妻陋习""严禁县属杂赌""查禁停棺不葬恶习""禁止盗窃寺庙砖石""查禁妇女束胸""取缔捐税机关私擅逮捕""严禁疯人出入街市""严禁乡人毁损公路电线""取消齐醮捐彻底禁革迷信""申禁盗拆城砖""重申溺婴禁令"……

这些以布告形式张贴在公共场所的政令，在现在看来，都是一些社会管理的鸡毛蒜皮小事，当时却是一县之长的日常事务。

有道是"细节是历史的注脚"，这些公文史料，为观察辛亥革命后开启百年未有之变局在社会层面的种种变化，提供了一个很有意思的角度。像禁止妇女束胸和刑讯人犯对于当时社会的冲击，令人浮想联翩。

主政一方的县长，如此重视市政建设、卫生教育事业，着力革除迷信、赌博、娼妓、卖妻、溺婴等恶习，厉行禁止刑讯逼供、捐税机关私擅逮捕，这种施政重心的转移，表明在欧风东渐的背景下，社会治理的内容和方式发生着微妙而深刻的变化。

让人感慨的是，身处时代鼎革之际，宁可风决意做这些"移风易俗"的琐事，等于要改变一个地方沉淀千百年的文化。如马克思所说："一切已死的先辈们的传统，像梦魇一样纠缠着活人的头脑。"他遇到的麻烦和阻力可想而知。

我猜想，一方面，这是因为他的"书生意气"，年轻气盛，受过新式教育，还当过记者，有一种改天换地的坚毅果决；另一方面，也是时势造英雄，时代风气激荡。

在二十世纪二三十年代，由少壮派的新派人士担任各县主官，在两广一时蔚成风气。除了宁可风，他的继任者——合浦人廖国器，还有差不多同时期担任钦县县长的许锡清，也都是北京大学的毕业生。

"政声人去后，闾阎话短长"。当官谓之"上台"，不管自己如何看待，在老百姓眼里，上台的每个人自然都是演员，作为看戏的免不了要叽叽喳喳，评论一番。

1930年六月六日，广东省政府议决将宁可风调回省里。宁可风去职时有人撰写了一副对联：

宁可风吹归大海，

不教秽亵污廉山。

后人说这副对联讽刺宁可风不守清行，是把他钉在历史耻辱柱上的铜钉。

我觉得似乎也可解释为赞扬他的耿介之气：两袖清风朝天去，不愿意留在恶浊的地方官场，避免受到玷污。

（附：据《灵山人物志》记载，离任后的宁可风，在"七七事变"后为抗日奔走，曾被蔡廷锴任命为抗日游击队的副司令，还曾营救过被国民党逮捕的中共地下党员，被告发"容共通共"。广西解放前夕，他利用社会影响劝说灵山县国民党军政人员投诚。1949年灵山县解放之初，曾获聘为县人民政府顾问。）

《广东通志》明朝廉州府合浦籍先贤

明朝二百七十六年江山，朱元璋洪武元年（1368年）建国后，将元朝的廉州路改为廉州府，领合浦、石康二县。

七年后撤销合浦县，将廉州府降为州，只管石康一个县。

又过了七年，朝廷重设合浦县，并将钦县改为州，廉州府领一州（钦州）三县（合浦、灵山、石康）。

朱元璋五代孙子朱见深当皇帝的成化七年（1471年），将石康县并入合浦县，廉州府领一州二县直至明亡。

明朝廉州府一直归广东布政司管。《广东通志》收录了十三位合浦（含石康）县籍的官员，也就是所谓的"乡贤"。综合其他史料，且将他们一一道来。

刘孔仁 朱元璋登基初期，战乱刚刚平息，刘孔仁并非科举出身，因孝敬父母、兄弟和睦、积极从事农业生产，作为"道德模范"和"先进生产工作者"，被推荐为颍上县知县［以孝悌力田，举任河南（今属安徽）颍上令］。

刘孔仁在任上勤政爱民，廉洁奉公，当了九年知县，因为年龄原因退休回到合浦老家，年高德劭，乡亲都很敬重他。

周英　周英在朱元璋儿子朱棣夺位后的永乐二十二年（1424年）考中进士，担任福建泰宁县知县。

他重视民生，关心百姓疾苦，尊重知识分子，实施宽松的政策。离任时，老百姓拦路挽留，不愿他离开。（恤民礼士，政尚宽平。去之日民遮道不忍舍。）

韩珠　韩珠祖籍石康县，经廉州府推荐参加科举考试，永乐二年（1404年）考中进士，最后官至山西右参政——相当于"副省长"。

韩珠施政清明，倡导友善仁爱。在任上离职时，老百姓没办法让他留任，便将他的皮靴脱下，专门建了一个亭子供奉起来，表达对他的怀念（比归，民留之不得，乃脱靴立亭，以寄去思）。

韩珠从山西退休后回合浦养老，去世后葬在石康县境内的黄姜岭。合浦县博物馆工作人员曾实地勘探，黄姜岭的韩珠墓旁边有个坟，坟主姓董，是韩珠一个情同手足的手下，跟着韩珠从山西来到合浦，死后葬在韩珠的墓旁，韩家后代尊他为异姓先祖，世代同祭，并尊称其本姓。南方把"坟"称为"山"，扫墓就叫"拜山"，因为这位董先生的坟，黄姜岭得名"董公山"。

沈福　略，事见《一起灵蛇帮助侦破的"无头案"》。

朱惠　朱惠是"官二代"，父亲叫朱琼，担任同知，相当于府里的二把手。永乐年间，朱惠作为皇帝授予冠带的举人，直接参加会试，并考中进士。

朱惠先是担任江西道监察御史，后来被调到南京太仆寺。这是一个负责全国马匹饲养的机构，朱惠担任太仆寺丞，是"主要领导"（寺卿）及其"副手"（少卿）下面的助理，官居六品。

朱惠的命不好。他的家离石康县城不过十里，他离职回家，没有到过县城。有一伙强盗在县城抢劫，称是他家里人。

朱惠根本不知道有这回事，却因此被牵连，受到严厉惩罚，家破人亡，几乎无人生还。乡亲们都替他叫屈。

（居村中，去石康十里，解任归未尝至城市。时盗贼所在劫掠，称惠家人。惠初不知，坐罹重法，几无噍类。乡人冤之。）

包志道 包志道的老家是合浦县廉州镇大江村委包家塘，举人出身。

明朝在安南设立三司，派遣人员前往任职，他们大都是两广和云南籍没有考中进士的国子监生或举人（岁贡生员下第举人）。

宣德皇帝登基初年（1426 年），包志道被任命为交趾新安府经历，大致等于负责文书档案和文件收发的办公室干事。

交趾因部落造反而陷落，包志道被调到田州，就是现在的广西百色田阳，后来因为母亲去世，离任回家守孝。

明英宗正统四年（1439 年），包志道被知府朱勤推荐担任广西灵川县知县，留下不少善政，特别是在兴办教育方面，他建了东西两斋，设立了二十五所社学。他最后在任上病故。

裴衷 《广东通志》称裴衷是石康县人，似不准确。他应该是合浦西场官井村人。

西场裴姓可以远溯到唐朝的名相裴度，先祖是从山东青州迁到合浦西场的裴爽，裴氏在此开枝散叶，叶茂根深。

裴衷在景泰五年（1454 年）考中进士，先任朝廷的文职散官丞德郎，有级别无职务。后任"民政部"（户部）主事，相当于司局级下面的部门负责人，再任"组织人事部"（吏部）的"一级巡视员"（中议大夫）。

裴衷最后当到"福建省政府副秘书长"（福建布政使司左参议）。合浦西场裴氏过去的一个"参议祠堂"就因他而来。

史书称裴衷"刚介不附权势"，这一点倒是与祖宗裴度相仿。他离任回家时两袖清风，行囊只有几卷图书，得社会各界很好的风评。（*刚介不附权势，归日惟图书数卷，士论高之。*）

李昺 李昺是永乐四年（1406 年）的三甲进士。这一年合浦"高考"花开两朵，中了两个进士，另一位叫卢荣。

李昺曾担任"民政部"（户部）的"处长"（主事）。他性格刚直，敢于抵制权贵。他所负责的各种财务开支项目，都亲自经手，从来不推给手下，每一笔都记录得清清楚楚。

退休回家后，他严于治家，乡民对他清白做人的干净品行十分推崇。

（*赋性刚方，不避权贵，凡出纳度支，必会计详明，不假手于胥吏，解组归，治家严肃，乡人高其清白。*）

林荣 略，事见《出师未捷身先死的合浦籍外交官》。

包义民 略，事见《他因为讨厌吃喝居然获升官》。

湛钺 略，事见《他两千劳师击溃万人悍敌》。

吴公悦 吴公悦最早由廉州府推荐入国子监，肄业后不断进步，永乐年间由刑部主事升任湖广按察使。

他在官场时间不算长，大约二十来年，在每一任上都有所作为，兴利除弊，政绩突出。

吴公悦辞官回家是因为受到副手的弹劾。

他在任湖广按察使时，与副手靳义不和。永乐十一年（1413 年）八月，靳义向皇帝告状，列举吴公悦"贪淫酷虐"的十二条罪状，皇太子下令都察司立案查办。

吴公悦被洋洋洒洒列了十二条罪状，最后能平安地回到老家养老，估计都是意气之争的欲加之罪，这些唬人的罪名不过是小题大做、捕风捉影，要不然他的脑袋早就搬家了。

被告状削官回家的吴公悦，颇有长者风范，对敦厚村风起到了榜样作用。廉州以精能经义发达的人中，大家公认他排名第一。

（劳绩彰著，居乡长厚，其俗化之。廉之以明经显者，惟公悦称最。）

钟振 略，事见《一位廉州籍高级干部的"先进事迹"》。

《广东通志》明朝廉州府钦州籍先贤

梁里许　梁里许于洪武十七年（1384年）由廉州府推荐入国子监，肄业后担任江西吉安府"教育局局长"（教授），后升为国子监丞——相当于校务委员会委员。

他对教书育人兢兢业业，恪尽职守，得到各方面的好评。

陈善住　陈善住也是洪武年间人，被廉州府推荐入国子监，肄业后担任山西"平阳驻军负责文书档案工作的干事"（平阳卫经历），再后被提拔为蒲县知县。

陈善住当知县三十多年，他的家人从未到过县衙，他把自己的住处叫作"光棍窝"（鳏巢），一心扑在公务上，把地方治理得十分安宁。

（擢宰蒲县，历任三十余年，妻子不入官舍，自号其居曰鳏巢，劳心抚字，吏民安之。）

石孟全　石孟全的故事很传奇。他在宣德年间被廉州府推荐入国子监，肄业后获任命为派驻安南的海东府知府。

海东府位于安南北部。《广东通志·嘉靖卷》记载："广东海道自廉州冠头岭发舟，北风利，二三日可抵安南海东府。"

石孟全一到海东府，就感觉情况不妙，当地人对大明的官员满怀敌意，不时出现反叛，于是他好不容易到手的知府也不当了，主动辞职回家（见彝情反复，谢归）。

他乘船到一个叫白鳞尾的地方，遇到大风，知道船要翻，于是像子路被杀时一样，把衣服帽子穿戴得整整齐齐，沉入了江底。

一条大鲤鱼驮着石孟全，大群鲤鱼护送着，一直将他送到黄屋屯江的如洪渡［（钦州）城西二十公里有如洪渡］。

乡人看到一条大鲤鱼驮着一个人，官服整齐，面色如生，发现是石孟全。他的家人把他接上岸待安葬时，那些鲤鱼不肯散去。有人想捕那些鱼，一捞到网里，全都变成腐烂的木头。石孟全的子孙在水边焚香起誓：今后永远不吃鲤鱼。那些鱼这才散去。（迎归葬时鱼不散，有捕者辄为腐木。子孙祭之誓不食鲤，乃去。）

据传石孟全有一个后代叫石含琮，有一次误食鲤鱼，变成了瞎子。人们因此把"如洪渡"改叫"鱼洪渡"。

没过多久，安南果然发生了大叛乱，留下来的大明官员死在那边的数以千计，大家这才佩服石孟全有先见之明（后安南叛，官吏没而不归者以千计，乃服其先见云）。

杨冠 杨冠在景泰元年（1450 年）考中举人，曾担任平乐知府，拥有廉能的名声。他曾经捐出薪水，制造钦州孔庙祭祀的礼器。

杨冠退休回家后，谨守官箴，从来不登公门，不跟官员往来，赢得社会的好评（既归，绝迹公门，为乡评所重）。

章献中 略，事见《他升官回家为何遭冷遇？》。

唐鲤 唐鲤是出名的孝子，被廉州府推荐入国子监，肄业后担任县"教育局副局长"（训导），再后升为江西峡江县"教育局局长"（教谕）。

因为工作出色、名声好，唐鲤调任思明府（今广西崇左境）"教育局局长"（教授），同时负责上石西州（凭祥）的事务。

唐鲤虽是个管教育的官员，但上司欣赏他独当一面的能力。正值倭寇攻破钦州和思明，唐鲤率一千多名士兵抵抗，领兵所过之处秋毫无犯。

他致仕归乡之后，从来不找地方官员办事，只写信反映基层的积弊，钦州人都很敬重他。

（当道贤其有锁钥才，值倭寇破钦与思明，率土兵千余御之，所过鸡犬不惊。居乡不事干谒，惟条陈马户里甲诸风弊，钦人德之。）

《广东通志》明朝廉州府灵山籍先贤

钱象乾 钱象乾正德年间获推荐入国子监，肄业后担任福建长泰县"教育局副局长"（训导）。

他礼贤下士，经常与县学的学生深入探讨学问，还捐出薪水修建学校。

莫如勤 略，见《一个媲美悬梁刺股的灵山人》。

石维海 石维海品格端方，社会各界对其评价很好，中举后获推荐入国子监，肄业后被任命为桂林府负责文书、档案的"干事"。后来因平定部落骚乱有功，被提拔为隆安知县。

石维海重视"精神文明建设"，颇得老百姓信任。当时有土司争夺田产酿成风波，石维海受命很快就平息了事端。

他在隆安创办新学；为赈灾救助饥民，还将薪水全部捐出来，告老还乡的时候，行囊空空（创新学，赈饥民，悉出己俸，泪归行李萧然）。

邵新 邵新在嘉靖年间获推荐，作为灵山县的岁贡生入国子监，肄业后被任命为上杭县"副县长"（县丞），为官不生事扰民，清廉勤政，民众对他很满意。

邵新任县丞不到三年便升为后军都督府经历（从五品）。

但不知何故，他到任仅三个月就告退，回家后再不登公堂之门，对乡邻扶贫助困，相处融洽（绝迹不履公庭，周恤乡闾，咸相亲睦）。

王朝辂　王朝辂也是灵山县的岁贡生，嘉靖年间被任命为云南大理府经历。

他先后在府、州、县任过职，招纳流民安置复耕，整顿吏治，丈量盘点耕地，拒绝收礼，颇有政声，因此百姓为他建生祠表示纪念。他为官九载，后光荣退休。

梁梦鼎　梁梦鼎学问高深，因在墙上抄写经书而出名（名理渊深，以壁经名世）。

他在隆庆元年（1567年）考中举人，担任华亭县"教育局局长"（教谕）。

他品行高洁，实践心得得到学生的推广，首辅徐阶和大臣陆树声曾对他交口称赞。

后来升任大庾知县时，他裁减官府开支，得到民众拥戴。因母亲去世回家守孝，从此不再为官。

梁梦日　梁梦日小时候很聪明，博览群书，万历年间中举后获得推荐，后担任安吉州"法院院长"（推官），为政宽大为怀，得到民众的拥戴。

退休回家后处世谦和，从来不自命清高而摆谱（归家恂恂里社，不以贤知矜人）。

旧雨新知　湖海嘤鸣

梁思奇

中国作家协会会员，出版有短篇小说集《苦旅》、杂文随笔集《世说"辛"语》、乡土散文集《我的动物故事》、科普读本《中国南珠》。长篇非虚构文学《生于六十年代》获第七届广西文艺创作"铜鼓奖"。曾在媒体供职，现从事地方文史工作。

狐眼碌碌

一个杂味丛生的公众号